JN436863

이상재

이상재

오병학 지음

규장

겨레의 등불로 우뚝 서다

1949년 3월 29일,

해방 후 월남 이상재 선생의 탄생 100주년 기념 추도회가 열렸다.

당시 이승만 대통령이 추도사를 읽었다.

"나는 해방이 되고 얼마 후 미국에서 귀국할 때 일본의 도쿄를 거쳐서 왔습니다. 비행기에서 도쿄 시가지를 내려다보았는데, 미국 공군기들의 폭격때문에 도시 전체는 폐허였습니다. 그 순간 생전 이상재 선생께서 일본의 병기창을 보고 외쳤던 말이 생각났습니다. 그때 월남 선생님은 "칼을 가지는 자는 다 칼로 망하느니라'(마 26:52)라며 예수님의 말씀을 인용했습니다. 이상재 선생의 예리한 통찰력은 참으로 놀라웠습니다. 일제의 암흑시대에 그런 위대한 지도자가 있었다는 것이 우리나라에 있어서 참으로 다행한 일입니다."

1957년 이상재 선생의 유해는 이승만 대통령의 지시로 경기도 양주군 장흥명 삼하리로 이장되었고, 1962년 이상재 선생은 건국훈장 대통령장을 받았다. 그가 떠난 후 그의 행보는 더욱 빛이 났다.

백범 김구 선생은 의로운 그의 삶에 대하여 이렇게 말했다.

"이상재 선생은 의(義)에 맞지 않는 일은 국왕도 두려워하지 않고 반대하는 그런 분이었습니다."

월남 이상재는 우리나라가 독립하는 날을 보지 못한 채 세상을 떠났지만, 구한말 때부터 우리나라 역사의 가장 암흑기인 일제강점기 때에 이르기까지 평생을 정치 지도자, 종교 지도자, 민족 지도자로서 나라를 위해 자기의 몸을 바쳤다.

그가 이처럼 불굴의 정신을 가지고 지도자로서 자기 사명을 다할 수 있었던 것은 하나님에 대한 투철한 신앙이 있었기 때문이다. 그는 그리스도를 영접한 후에 나라를 잃은 젊은이들에게 그리스도의 정신과 비전을 심어주기 위해 기독교청년회(YMCA)를 이끌면서 비전을 제시해주었다.

그는 오늘까지도 이 땅의 젊은이들에게 영원한 스승이 되어 참 길을 제시해주고 있으며, 여러분도 이 책을 통해 영원한 젊은이의 참된 이상(理想)인 이상재를 만나보길 소원한다.

오 병 학

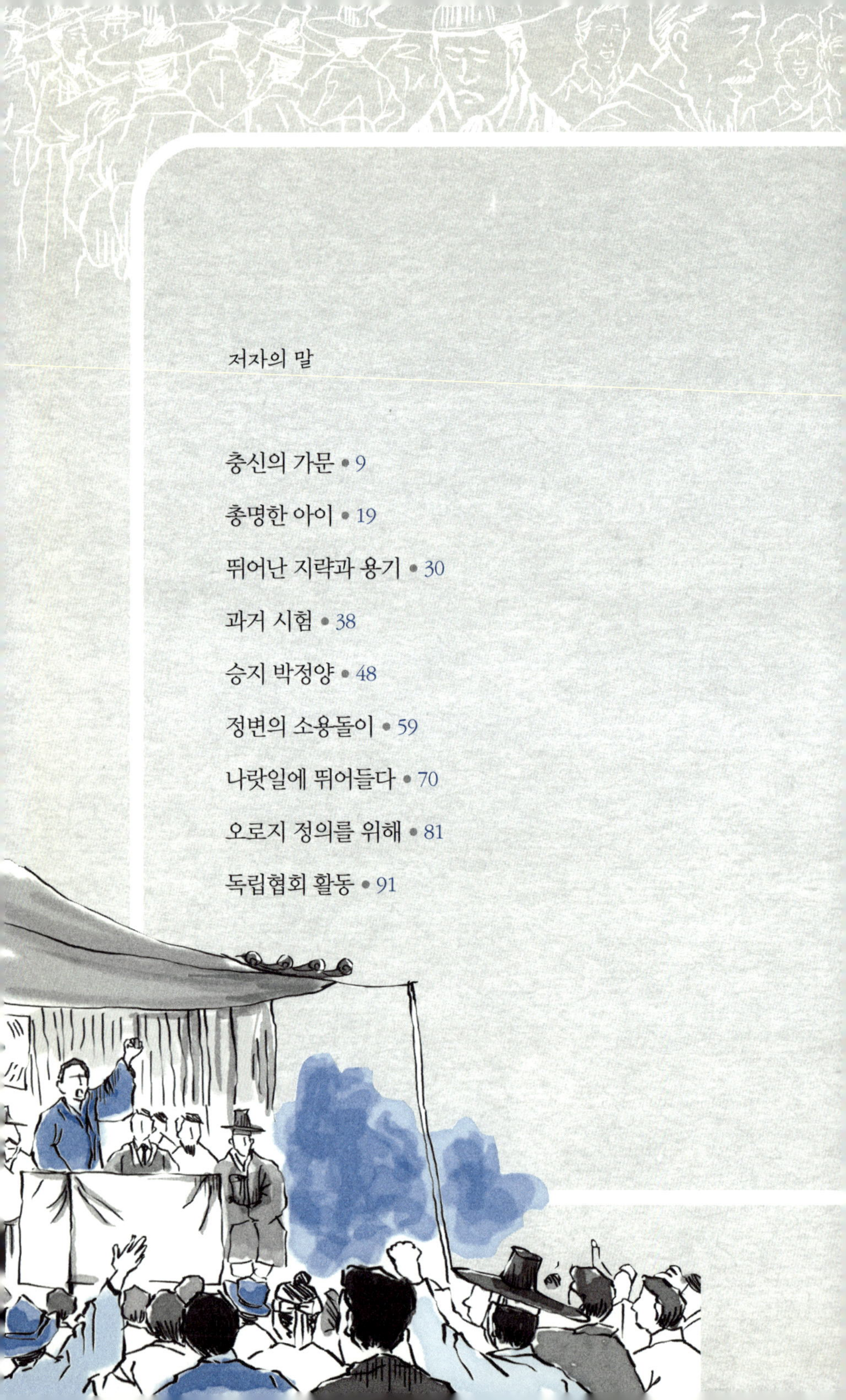

차례

충신의 가문

월남(月南) 이상재는

1850년 10월 26일에 충청남도 서천군 한산면 종지리에서 아버지 이희택과 어머니 밀양 박씨 사이에서 장남으로 태어났다. 그가 태어난 곳은 '감나무골'이라고 불리는 전형적인 시골 마을이었다.

아들이 태어나자 아버지 이희택은 누구보다도 기뻐했다. 그는 조상과 가문에 대한 긍지가 남다른 사람이었기 때문에 가문을 잇게 할 아들이 태어난 것은 그에게 큰 경사임에 틀림없었다.

'우리 가문이 어떤 가문인가. 한산 이씨가 아닌가. 이 아이는 우리 가문을 빛내줄 거야.'

초은 정몽주와 야은 길재 그리고 목은 이색은 고려 말의 3대 충신으로 '삼은'(三隱)이라고도 불렸다. 이들은 이성계의 반란에 대항하여 고려에 충절을 지키다 끝내 세상을 떠났다. 이상재는 고려 말의 충신이요, 대학자이기도 한 목은(牧隱) 이색의 16대손으로 태어났다. 아버지 이희택은 아들이 조상의 기개를 닮기를 원했다.

백설이 잦아진 골에 구름이 머물렀구나
반가운 매화는 어느 곳에 피었는가
석양에 홀로 서서 갈 곳 몰라 하노라

정몽주가 선죽교에서 반란자들의 칼에 맞아 죽고 난 후, 이색 역시 같은 패당으로 몰려 금천과 여흥 등지에서 귀양살이를 할 때 쓴 시조이다. 고적한 생활 중에 자기의 암담한 처지를 고려 왕조 패망과 연결하여 부른 애절한 노래이다. 이 시에는 고려 말의 암울한 상황과 무너져가는 나라를 바라보는 그의 안타까움이 잘 드러나 있다.

이희택은 이런 분을 조상으로 모시고 있다는 것에 늘 자부심을 가지고 있었다.

그는 가문에 대한 자긍심을 아들에게 심어주기 위해 아들 이상재가 어렸을 때부터 늘 그의 가문과 조상에 대해 이야기했다.

"목은 할아버지가 나라의 충신이었다는 사실을 늘 잊지 말아라."

"예. 그런데 아버지, 그 충성이란 말의 뜻을 잘 모르겠어요. 설명을 들어도 이해가 잘 안 가요."

"충성이란 자기가 한번 옳다고 여기는 일은 끝까지 굽히지 않는 태도를 말하는 것이다. 이런 태도로 오로지 한 임금에게 절개를 바치는 신하를 충신이라고 하는 거야."

"아, 그렇군요. 그럼 저도 그런 훌륭한 정신을 본받을 거예요."

이희택의 가문은 훌륭했지만 가문의 명예가 경제적인 것까지 보장해주지는 못했다. 몹시 가난해 농사를 짓는 것만으로는 생활을 꾸려가기가 어려울 정도였다. 부인 박 씨가 부지런히 길쌈을 해서 장에 내다 팔아 겨우 생계를 이어갔다.

이 가난은 몇 대째 내려온 것이었다. 그렇지만 이상재의 선조들은 어려운 살림살이에도 학문 닦는 일에는 게으름을 피우지 않았고, 자녀들의 교육 문제도 소홀히 여기지 않았다.

이상재의 할아버지, 곧 이희택의 아버지인 이경만도 그랬다. 그 역시 부인이 길쌈해서 내다 판 돈으로 어렵게 살았지만 아들의 교육만큼은 우선으로 삼았다.

어느 장날이었다. 아내가 며칠 동안 밤잠을 설치며 짠 모시 한 필을 남편 이경만에게 내주었다.

"여보, 모처럼 바람도 쏘일 겸 한산장에 한번 다녀오세요. 밤낮 방안에 틀어박혀 책만 들여다보고 있으면 건강에도 해롭지 않겠어요?"

"그렇게 하겠소. 그럼 내가 장에 가서 할 일은 없소?"

"이 모시를 팔아서 양식을 좀 구해 오세요. 양식이 떨어져서 서둘러 이 모시를 짰답니다."

"알겠소."

이경만은 책을 덮었다. 그러고는 부인에게 모시 한 필을 받아 들고는 한산장으로 향했다. 참 오랜만에 하는 외출이었다. 그런데 날이 저물어서야 돌아온 이경만의 손에는 양식이 아니라 책 몇 권이 들려 있었다.

"양식은 어찌 되었어요? 그리고 이건 무슨 책이에요?"

"양식 대신 이 책들을 샀다오."

"책도 필요하지요. 하지만 지금 집안에 쌀 한 톨도 없습니다. 그러니 당장 내일 끼니는 어떻게 한답니까?"

"나도 우리 형편이 어떤지 알고 있다오. 하지만 우리 희택이가 크면 이런 책들을 꼭 읽어야 할 것 같아 두 눈 딱 감고 샀소."

"지금 먹을 양식이 없는데 어찌 훗날의 공부를 먼저 생각하십니까."

"자식에게는 먹이는 일보다도 공부를 시키는 일이 더 중요한 거요. 인생이 어디 하루이틀 살다가 그만 두는 것이오. 당장의 끼니가 어렵더라도 먼 장래를 내다보면서 살아야 하지 않겠소."

남편의 말에 할 말이 없었다. 남편의 말이 옳았기 때문이다. 그러나 양식을 마련하기 위해 서둘러 길쌈을 한 보람이 없는 것 같아 마음 한편으로는 남편이 원망스럽기도 했다.

몇 년 뒤, 아들 희택이 그 책들을 가지고 공부를 할 때 남편의 깊은 뜻을 헤아릴 수 있었다. 이경만과 그의 아내는 어려운 살림을 꾸리는 가운데 아들이 공부할 수 있도록 최선을 다했다.

이상재는 그런 가풍 속에서 성장했다. 이희택은 자신이 아버지의 배려 덕분에 공부를 할 수 있었던 것처럼 자신의 아들도 충분히 공부하고 학문을 닦을 수 있도록 배려하리라 마음먹었다.

이상재는 일곱 살부터 마을에 있는 서당에 다니기 시작했다. 서당에서 《천자문》, 《동몽선습》, 《통감》 등을 배웠다. 좀처럼 나아지지 않는 집안 형편 때문에 이상재는 자기 책을 가질 수 없었다. 늘 남의 책을 빌려서 읽어야 했다. 친구들은 이런 이상재가 늘 불만이었다.

"상재야, 넌 왜 맨날 내 책만 빌려서 읽는 거니?"

"난 책이 없으니까 그렇지."

"너도 사면 될 거 아니야."

"돈이 없는걸. 종이도 붓도 살 수 없어."

"그럼 넌 계속 남의 책으로 공부할 거냐?"

"그건 아니야. 부모님께 말씀드려 책을 마련하긴 할 거야."

집이 가난해서 자기 책 하나 없는 이상재였지만 그 비범함은 서당 훈장까지도 놀라게 했다.

'어허, 상재는 보통 아이가 아니구나. 한 번 배운 글자는 절대로 잊어버리는 일이 없으니.'

이 같은 이상재의 실력은 타고난 것도 있었지만 아버지 이희택의 각별한 노력과 사랑이 무엇보다 큰 밑바탕이 되었다.

"상재야, 사람이 배우지 않으면 짐승과 다를 바 없다. 먹고 자는 것이야 짐승도 다 하는 것 아니냐. 그러니 너는 부지런히 공부해야 한다. 알았느냐?"

"예, 잘 알겠습니다."

늘 아버지의 가르침을 듣고 살았기 때문에 어린 상재는 쉬지 않고 글을 익혔다.

그렇다고 공부만 아는 외골수도 아니었다. 말썽꾸러기 노릇도 톡톡히 했다. 그가 서당에 다닌 지 2년이 지났을 때였다. 그 무렵 어느 가을날, 서당의 몇몇 아이들이 그를 꾀었다.

"상재야."

"왜 그래?"

"넌 공부에 싫증나지도 않니? 우리랑 같이 산에 놀러 가자."

"뭐? 공부는 어떻게 하고 놀러 가려는 거니?"

"요즘 산에 가면 밤나무마다 잘 익은 알밤들이 얼마나 많이 쏟아지는지 넌 모르지?"

"알밤들이 쏟아진다고?"

"그래, 밤나무 밑에 가서 서 있기만 해도 머리가 따끔거리도록 주먹 같은 알밤들이 툭툭 떨어진단 말이야."

주먹 같은 알밤들이 떨어진다는 말에 이상재는 구미가 당겼다.

그는 이튿날 부모님께는 서당에 간다고 하고 친구들과 어울려 산으로 갔다. 정말 밤나무마다 입을 쩍쩍 벌린 밤송이들이 주렁주렁 매달려 있었다. 발로 나무 밑둥을 차기만 해도 알밤들이 후두둑 떨어졌다. 이 재미에 빠져 이상재는 이틀이 멀다하고 친구들과 어울려 산으로 가 온종일 쏘다녔다. 샌님 같던 상재도 밤 따는 재미에 빠져 시간이 가는 줄 몰랐다. 그러다가 결국 아버지 이희택에게 꼬리를 잡히고 말았다.

이상재는 이날도 서당에 간다고 말하고는 친구들과 산으로 갔다. 그런데 하필 이날 아버지 이희택이 볼 일이 있어 이웃 마을에 다녀오다가 아들이 공부하는 모습을 보고 싶어 서당에 들렀던 것이다. 그가 막 서당에 도착하자 아이들의 글 읽는 소리가 요란하게 들려왔다.

'저 글 읽는 소리 가운데 우리 상재의 소리도 있겠구나.'

이런 생각에 이희택은 마음이 뿌듯해졌다. 그는 서당 바깥 마루에 걸터앉아서 담배 한 대를 피우며 글 읽기가 끝나길 기다렸다. 한참 후, 글 읽는 소리가 그치고 아이들이 문을 열고는 우르르 밖으로 쏟아져 나왔다. 그런데 어찌된 일인지 아무리 둘러보아도 아들이 보이지 않았다.

"얘들아, 상재는 어디 있느냐?"

"상재는 오늘도 서당에 나오지 않았어요."

"서당에 나오지 않았다고?"

"네, 요즘 하루 걸러 오는 일이 많은걸요."

"그러면 이 아이가 도대체 어딜 갔단 말인가."

그렇게 이희택이 혼잣말을 하고 있을 때, 마침 훈장이 밖으로 나오면서 반갑게 인사했다.

"상재 아버님이시군요. 오랜만입니다."

"네, 오랜만입니다. 훈장님도 그간 안녕하셨습니까?"

"그렇잖아도 한번 찾아뵈려고 했는데 마침 잘 오셨습니다."

"네, 그런데 우리 상재가 보이지 않는데 어떻게 된 일입니까?"

"그건 제가 먼저 어르신에게 물어볼 참이었습니다."

이희택은 깜짝 놀랐다. 한편으로는 당혹스러웠다. 그 모습을 보고 훈장이 물었다.

"그렇다면 상재가 지금 집에 없단 말입니까?"

“예, 집에서는 하루도 빠짐없이 서당에 간다고 나갔습니다.”

“하지만 요즘 들어 하루씩 걸러 오곤 했습니다. 저는 어디 아프거나 집안에 무슨 일이 있나 했습니다.”

이희택은 기가 막혔다. 아무리 힘들고 어려워도 공부만큼은 힘에 부치도록 도와주었는데, 그렇게 귀하게 길러온 아들이 서당에 빠지다니, 그는 온몸에 힘이 빠지는 것 같았다.

“너무 걱정 마시고 상재가 돌아오면 잘 타일러주십시오.”

훈장은 당황한 이희택을 안심시켰다.

이희택은 집으로 돌아온 후 아들이 돌아오기를 초조하게 기다렸다. 마음을 더 많이 썼던 아들이라 실망도 컸다.

저녁 때가 다 되어서야 이상재가 태연히 대문으로 들어섰다.

“상재 오느냐?”

“예, 아버지. 지금 돌아왔습니다.”

“어디서 오는 길이냐?”

“서당에서 오는 길입니다.”

이상재는 태연스럽게 대답했다.

“지금 그 말이 정말이냐?”

“네, 정말입니다.”

“그래? 그럼 다시 한 번 묻겠다. 그 말이 사실이냐?”

평소와 다른 아버지의 모습에 이상재는 더 이상 거짓말을 할 수가 없었다.

“…”

“어찌 대답이 없느냐! 애비가 방금 전에 서당에 들렀다가 돌아왔다. 그런데도 네가 거짓말을 할 작정이냐?"

"…잘못했습니다."

"그래 오늘 어디 갔었느냐?"

"아이들과 함께 산에 갔습니다."

"거긴 뭘 하러 갔느냐?"

"알밤을 주으려고요."

"그래, 공부하는 일보다 알밤 줍는 일이 더 중요하더란 말이냐!"

"잘못했습니다. 한번만 용서해 주세요…."

이희택은 굳은 얼굴로 빌고 있는 아들을 보았다. 그냥 하는 말은 아닌 것 같이 진지함과 후회가 묻어 있었다. 그러나 그대로 넘어갈 수 없는 노릇이었다. 작은 일탈이 훗날 큰 잘못으로 바뀔시도 모르는 일이다. 그리고 작은 잘못이라고 하더라도 그에 따르는 대가는 치러야 한다고 생각했다.

"안 된다. 이런 일은 그냥 넘어갈 수 없구나. 가서 회초리 하나 가져오너라."

"아버지, 다시는 안 그럴게요."

"어서 회초리를 가져 오래도!"

어린 상재는 떨면서 회초리를 구해왔다.

그날 이상재는 아버지에게 호되게 종아리를 맞았다. 아버지는 사랑하는 자식을 때리는 것이 마음 아팠지만 이 기회에 잘못된 버릇을 고쳐놓지 않으면 안 된다는 생각에 호되게 벌을 주었다. 그리고 다시는 부모를 속이지 않겠다는 다짐을 받았다.

총명한 아이

어느덧 이상재는 열세 살이 되었다.

그는 모처럼 아버지와 함께 어머니가 짜준 모시를 들고 한산장에 갔다. 아버지가 아들에게 오랜만에 장 구경을 시켜주고 싶어서 데리고 나선 것이었다.

예로부터 한산 지방은 모시로 유명했다. 그래서 장날이 되면 각처에서 모여 든 모시로 시장이 가득 찼다.

장터에 도착한 이희택은 책방부터 둘러보았다. 말이 책방이지 낡은 종이를 꿰매어 만든 책 몇 권이 바닥에 놓여 있는 정도에 불과했다. 아버지가 책들을 이것저것 살펴보고 있을 때였다.

"아버지, 저 책 좀 보세요."

상재가 한 책을 가리키며 소리쳤다.

"그건 《춘추좌전》이라는 책 아니냐. 정말 오랜만에 귀중한 책을 만났구나."

"아버지, 저 책을 읽고 싶어요."

"아직 네가 읽을 수 있는 수준의 책이 아니다. 저건 어른이 되어야 볼 수 있는 책이야."

《춘추좌전》은 고대 중국의 역사서 《춘추》를 해석한 책으로, 삼국지처럼 흥미진진하긴 했지만 아이들이 읽기에는 어려웠다. 그런데 이상재는 이 책을 보더니 당돌하게도 읽고 싶다고 욕심을 부렸다.

"아버지, 저도 얼마든지 읽을 수 있어요."

"상재야, 저 책은 글자만 안다고 되는 게 아니야. 내용을 이해하는 일이 더 중요하단다."

"내용도 이해할 수 있을 거예요. 그러니 저 책을 꼭 사주세요."

이희택은 아들의 부탁이 당황스럽기도 했지만 한편으로는 대견했다. 그래서 그날 가지고 간 모시 한 필을 팔아 《춘추좌전》을 사는데 써버리고 말았다.

"자, 받아라. 네가 읽고 이해할 수만 있다면 뭐가 문제겠느냐."

"감사합니다, 아버지. 잘 보겠습니다."

이상재의 실력과 집념은 대단했다. 며칠 밤을 새우며 기어이 그 책을 다 읽어낸 것이다.

"내용을 이해할 수 있겠니?"

"네, 아주 재미있었습니다. 몇 번이고 더 읽고 싶습니다."

"허허, 네 이런 모습을 보니 모시 한 필 값이 결코 아깝지 않구나. 아무쪼록 더욱 열심히 공부하도록 해라."

"예, 아버지."

이희택은 아들 상재가 학문에 뛰어난 것이 뿌듯하고 대견했다.

이상재가 열네 살 되던 해의 일이었다. 그해 겨울, 이상재는 뜻이 맞는 몇몇 친구들과 한산에서 5리쯤 떨어진 '봉서암'이라는 절에서 몇 달 공부하기로 했다. 긴 겨울 동안 절에서 지내자니 처음에는 집 생각이 나서 공부가 잘 되지 않았다. 그러나 곧 마음을 다잡고 공부에 전념하기 시작했다.

절에서의 생활은 집과 많이 달랐다. 근처에 아무도 살지 않고 아무것도 없는 깊은 산속에 하얀 눈이 소복하게 내리면 골짜기마다 온통 은빛 세계가 펼쳐졌다. 이런 경치를 보고 있노라면 말로 표현할 수 없는 경이감이 느껴졌다. 아름다운 자연을 벗삼아 공부하다보니 어느새 두어 달이 훌쩍 지나고 설날이 며칠 남지 않았다.

이상재와 함께 봉서암에서 공부하던 친구들은 오랜만에 화롯가에 둘러앉아 이야기꽃을 피웠다.

"벌써 내일 모레면 설날이잖아."

"정말 그러네. 여기 있으니 시간 가는 줄도 모르겠어."

"그럼 어떻게 하지?"

"뭘 어떻게 해?"

"그믐날 집으로 내려가야 해, 아니면 설날에도 여기서 공부를 계속해야 해?"

"부모님께 미리 말씀드린 건 아니지만 모두 내려가는 게 어때? 설날을 보내려고 갔는데 설마 꾸중이야 하시겠어."

"맞아, 설날은 가장 큰 명절이니까 괜찮을 거야."

"그럼 우리 모두 그믐날 집으로 내려가기로 할까?"

"그러자."

"그거 좋은걸."

아이들은 큰 명절을 앞두고 마음이 들떠 저마다 한마디씩 거들기에 바빴다.

바로 그때 문밖에서 굵직한 어른 목소리가 들려왔다.

"그믐날이 되면 당연히 모두 집으로 내려와야지, 안 그러냐?"

그것은 분명히 아버지 이희택의 목소리였다. 이상재는 깜짝 놀라 자리에서 벌떡 일어나 문을 박차고 나갔다. 그곳에는 이희택이 서 있었다.

"아버지, 여기까지 어쩐 일로 오셨습니까?"

"어쩐 일로 왔냐고?"

아버지는 아들을 바라보며 빙긋이 웃었다. 그러고는 말을 이었다.

"내가 여기까지 왔다 간 일이 어디 한두 번인 줄 아느냐. 벌써 여러 번 다녀갔다."

"예? 정말이세요?"

아버지의 말에 놀란 이상재는 깜짝 놀랐다.

"무슨 일로 여길 다녀가셨습니까? 그리고 오셨으면서 왜 저를 보지 않고 그냥 가셨어요?"

그러자 이희택은 한차례 호탕하게 웃더니 대답했다. 힘찬 목소리에는 애정이 잔뜩 묻어 있었고, 고생스럽게 올라온 산길이지만 그 눈에서 피곤함은 찾아볼 수 없었다.

"애비가 널 여기에다 보내놓고 어떻게 궁금하지 않을 수 있겠느냐. 너는 모르겠지만, 나는 네가 어떻게 공부하고 있는지 궁금해서 몇 번이나 이곳에 와서 살피고 돌아갔단다."

아버지의 애정에 이상재는 마음 깊은 곳에서 울음이 터져나왔다. 추운 겨울에 이 먼 곳까지 오느라 얼마나 고생하셨을까. 또 아무도 몰래 조심스레 다녀가느라 얼마나 긴장했을까. 힘들게 왔으니 아들 얼굴이라도 보고 싶을텐데 그 마음을 누르느라 또 얼마나 힘드셨을까. 이상재의 얼굴에는 감격과 감사가 가득했다.

"아버지, 저도 그동안 정말 뵙고 싶었습니다."

이처럼 아들에 대한 이희택의 기대와 정성은 남달랐다.

어느새 이상재는 열다섯 살이 되었다. 이젠 어린아이 티를 완전히 벗고 늠름한 소년이 되었다. 이상재는 성장할수록 더욱 총명해져 동네 사람들 입에서 그의 이야기가 자주 오르내렸다.

"한산 이씨 가문에 또 한 사람의 목은(牧隱) 선생이 났어."

"그게 무슨 소린가?"

"왜 그 이희택 아들 있잖은가."

"아, 상재 말이군."

"머리가 보통 비상한 게 아니래."

"정말 그래. 눈에 총기가 서려 있어. 서당 훈장도 더 가르칠 것이 없다고 했다든데."

"어쨌든 이씨 가문에 다시 한 번 해 뜰 날이 있겠어."

사람들의 말은 과장된 것이 아니었다. 이상재는 학업도 뛰어나고 언행도 발랐다. 그리고 무엇보다 그의 눈빛에는 서려 있는 총기를 감출 수가 없었다. 아버지 이희택은 아들에 대한 그런 평판에 내심 기뻤다. 자식 자랑을 스스로 할 수 없었을 뿐이지, 이희택에게 아들 상재는 큰 자랑이었다.

이처럼 평판이 자자하게 돌자 여기저기서 혼담이 들어오기 시작했다. 그 당시는 상재의 나이에 결혼하는 일이 자연스러웠다. 이상재는 열다섯 살에 강릉 유씨 집안의 딸과 결혼하였다.

그해 집안에 뜻밖의 불행이 덮쳤다. 선산을 탐낸 어떤 부자의 모함으로 이희택이 감옥에 갇히게 된 것이다. 풍수지리설★을 굳게 믿던 시대라, 어디에 명당 자리가 있다는 소문만 나면 사람들은 그 자리를 차지하려고 했다. 이희택도 이런 일에 연루된 것이다.

그 당시 사람들은 집안에 사람이 죽으면 좋은 묏자리를 잡기 위해 지관★을 데려다 묘지를 마련했다. 하지만 이상재의 집은 선산이 있었기 때문에 조부 이경만이 세상을 떠났을 때에 따로 지관을 데려오

★ 풍수지리설 땅의 모양이나 방위가 사람들의 길흉화복과 관련 있다고 믿는 것이다. 그래서 옛날에는 죽은 사람을 매장하거나 집을 짓는 데 풍수지리에 따라 적당한 장소를 찾곤 했다.

★ 지관 풍수지리설에 따라 집터나 묏자리 따위를 가려서 고르는 사람.

지 않고 선산에 적당한 자리를 잡아 묘를 만들었다. 이상재의 조부 이경만은 이상재가 열한 살 때 세상을 떠나 선산에 묻혔다.

그런데 이상재의 총명함과 이씨 집안에 또 하나의 목은 선생이 났다는 소문이 퍼지자 풍수지리에 능한 어떤 지관이 아무도 몰래 이상재의 선산에 찾아가 여기저기를 둘러보았다.

'그렇게 훌륭한 후손이 나왔다는 건 이씨 집안에 명당이 있는 게 틀림없어.'

여러 묘지들을 둘러보던 지관의 눈에 이경만의 묘지가 들어왔다. 그는 즉시 그 묘지 위로 올라가 가지고 온 나침반을 이리저리 놓아 보면서 주위의 산줄기들까지 살펴보았다. 그러고는 무릎을 탁 치며 감탄했다.

"어허, 이곳에 이렇게 좋은 자리가 있었다니. 여긴 분명히 나라 안팎에 이름을 떨칠 만한 인물이 날 자리구나."

풍수지리설을 믿지 않는 사람에게는 이런 말이 허무맹랑하게 들릴지도 모른다. 하지만 당시에는 풍수지리가 가문의 미래를 판가름하는 척도로 쓰일 만큼 중요했다. 그렇기 때문에 풍수지리는 그만큼 중요한 문제였고, 지관의 입에서 나온 말은 어느새 사람들 사이에 급속히 퍼졌다.

급기야 그 소문은 급기야 한 부자의 귀에도 들어갔다.

"뭐라고? 정말 큰 인물이 날 만한 묏자리가 있어?"

"아무개 하면 누구나 알아주는 지관 아닙니까. 그런 유명한 지관이 헛소문을 퍼트리고 다니겠습니까."

부자는 당장 묏자리를 보았다는 지관을 집으로 불러들였다.

"자네가 좋은 묏자리를 보았다는 소문이 돌던데, 확실한가?"

"틀림없습니다."

"그러니까 그 묏자리가 이희택의 선산이라 그거지?"

"예. 그렇습니다."

"그럼 이제 자네가 나를 좀 도와주어야겠네. 가까이 앉아보게나."

모사가 꾸며지기 시작했다.

그 부자는 이경만의 묏자리가 탐이 나서, 일단 지관에게 많은 돈을 주어 그의 입부터 틀어막았다. 다음엔 지방 관리에게 많은 돈을 보내어 그를 매수했다. 그리고 곧 서생을 불러 이희택의 선산이 옛날에 자기 땅이었다는 거짓 문서를 만든 뒤에 관청에 이희택을 고소했다. 이어서 재판을 대비하여 완벽한 거짓 증인까지 만들어두었다. 그야말로 음흉한 계략이 일사천리로 진행되었다.

관원들이 관가에서 나와 이상재의 아버지 이희택을 무작정 끌고 갔다.

"내가 무슨 죄를 지었다는 것입니까? 알아야 가든지 말든지 할 것 아닙니까?"

"가보면 압니다. 잔소리 말고 어서 가시지요."

아닌 밤중에 홍두깨였다. 식구들은 당황하지 않을 수 없었다.

이희택이 관가에 도착했을 때 부자가 증인까지 데리고 나와 미리 준비하고 있었다. 일의 앞뒤를 까맣게 모르는 이희택으로서는 어리둥절할 수밖에 없었다. 이윽고 지방 관리가 고소장을 들고 나오더니 형식적인 재판을 시작했다.

"네가 이희택이냐?"

"예, 그렇습니다."

"이 천하에 무엄한 놈아, 네 죄를 네가 알렸다!"

"도대체 제가 무슨 죄를 지었습니까?"

"어허, 이제는 뻔뻔스럽기까지 하구나. 그래 남의 땅을 가로채어 거기다가 네 선산을 만들어놓고서도 시치미를 뗄 작정이냐?"

"예? 제가 남의 땅을 가로채다니요?"

"이놈아, 여기 고소장이 날아들었다. 자, 똑똑히 보아라."

이미 부자에게 매수당한 관리는 이희택이 불법을 행했다고 결정한 채 재판을 이끌어갔다.

"그럼 고소인의 고소장 내용을 들어봅시나."

부자는 거짓말을 늘어놓기 시작했다.

"사실 고소장 내용 이상으로 더 드릴 말씀이 없습니다. 제가 어렸을 적부터 그 땅은 대대로 우리 조상의 땅이었는데, 이씨 문중이 억울하게 빼앗아갔다고 아버지가 말씀하셨습니다. 그래서 제가 그 땅을 찾아야겠다고 결심하고 고소장을 냈습니다."

"그러니까 이희택 저놈이 그 땅을 가로챈 게 아니라 그 윗대 놈이 가로챘다는 거로구나."

"맞습니다. 그래서 여기 증인까지 데리고 왔습니다."

"그럼 이번엔 증인이 말해보아라. 고소인의 말이 사실이냐?"

"틀림없습니다. 저도 몇 번이나 그런 말을 들었습니다."

여기까지 귀담아 듣는 척하던 관리는 다시 이희택에게 소리쳤다.

"이놈아, 그래도 네가 발뺌을 할 작정이냐. 어디 할 말 있으면 해봐라!"

이희택은 느닷없는 상황에 어처구니가 없어 말이 나오지 않았다. 하지만 잠자코 있을 수만은 없었다. 자칫하다가는 정말 선산을 빼앗길 참이었다.

"처음 듣는 말입니다. 저는 지금까지 그 땅이 우리 선산이 조상 대대로 물려내려온 것으로 알고 있습니다."

"네놈도 뻔히 알고 있으면서 수작을 떠는구나."

관리는 일부러 더 크게 호통을 치며 판결을 내렸다.

"오늘부터 그 땅은 고소인의 것이다. 그리고 이희택은 그동안 남의 땅을 차지한 죄로 감옥에 쳐넣어라."

이희택은 변명 한 번 제대로 못하고 억울하게 감옥살이를 해야 했다.

뛰어난 지략과 용기

이상재는 저녁 늦게 집에 돌아오기 전까지는 아버지가 억울하게 관가에 끌려갔다는 것도 모르고 있었다. 그가 집에 들어서자마자 어머니가 그를 붙잡고 한탄했다.

"상재야, 이 일을 어떻게 하면 좋겠니?"

"어머니, 무슨 일입니까?"

"오늘 네 아버지가 오늘 관가로 끌려가셨다."

"네? 그게 무슨 말씀입니까? 아버지가 왜 끌려가신답니까?"

"사정이라도 알면 이렇게 답답하지는 않겠구나. 나도 모른다. 그냥 무작정 데리고 가버렸어."

이상재는 이튿날 아침 일찍 관가로 달려갔다.

"문 좀 열어주시오."

"누군데 함부로 이곳에 들어오려고 하느냐?"

"제 아버지의 일로 들어가봐야겠습니다."

"썩 물러가지 못해. 여긴 아무나 드나드는 데가 아니야!"

"제 아버지를 만나봐야 합니다."

"이런 무엄한 놈이 있나. 두들겨 맞기 전에 어서 꺼져!"

이상재는 관가의 문 앞에서 실랑이를 벌였으나 문지기는 막무가내였다. 마침 관원이 대문을 열고 나오다가 이 광경을 보았다.

"웬 놈이냐?"

"예, 제 아버지의 일로 찾아왔습니다."

"아버지라고? 혹시 네 아버지가 이희택이냐?"

"맞습니다. 제 아버지는 어떻게 되셨습니까? 무슨 일로 이리 끌려오신 것입니까?"

"이미 다 끝난 일이다."

"끝나다니요, 도대체 무슨 일입니까?"

"네 아버지는 남의 땅을 가로챈 죄로 벌써 감옥에 갇혔으니 그만 물러가거라."

관원은 그 말만 남기고 총총히 자리를 떠나버렸다.

'아니, 아버지가 남의 땅을 가로채다니 이게 무슨 말인가.'

이상재는 아무리 생각해도 이해할 수 없었다. 평생을 정직하게 사셨던 아버지가 아니던가. 그는 다시 관가로 들어가려고 문지기와 실랑이를 시작했다.

"아무래도 제가 들어가봐야겠습니다. 자초지종을 알고 싶습니다. 우리 아버지는 절대로 남의 것을 훔칠 사람이 아닙니다."

"그쯤 했으면 이제 물러가! 여긴 네가 들어갈 수 없는 곳이야!"

이상재는 다시 관가로 들어가려고 시도했으나 문지기는 여전히 막무가내였다. 그러자 이상재는 대문턱에 벌렁 드러누워 소리쳤다.

"당신이 나를 관가 안으로 들여보내기 전까지는 절대로 이 바닥에서 일어나지 않을 것입니다."

바닥에 드러누워 꼼짝도 하지 않는 이상재를 보자 문지기는 기가 막혔다.

그런데 하늘이 도왔는지 그때 마침 관리가 밖으로 나가려고 문을 열고 나왔다. 이상재는 그와 눈이 마주쳤다. 관리는 아침부터 관가 앞에 드러누워 있는 이상재를 보고는 문지기에게 짜증을 내며 말했다.

"웬 놈이 여기 벌렁 누웠느냐?"

"이놈이 이희택의 아들이라면서 자꾸 들여보내 달라고…."

이때였다. 이상재는 땅바닥에서 벌떡 일어나서는 관리의 손을 덥썩 끌어 잡았다.

"나리, 제 아버지는 너무나 억울하게 감옥에 갇혔습니다."

"네가 뭘 안다고 그런 소리를 하느냐. 이 안에 억울하지 않은 자는 하나도 없다."

이 말을 남기고 관리는 자리를 떠나려고 하였다. 이상재는 더욱 힘껏 관리의 손을 끌어잡았다.

"아버지 대신 제가 감옥살이를 하겠습니다. 그러니 제 소원을 들어주십시오."

"벌은 죄지은 자가 받는 것이다."

"아닙니다. 예로부터 부모님을 편안히 모시지 못한 놈을 가리켜

불효자식이라고 하였습니다. 그러니 제가 지금 아버지 대신 옥살이를 하지 않으면 저는 영영 씻을 수 없는 불효자식이 되고 맙니다."

"어허, 이놈이 보통 놈이 아니구나."

그 말을 가상히 여긴 관리는 이상재를 감옥으로 데려가 이희택을 풀어주고 대신 아들 이상재를 가두려고 하였다.

"아버지, 제가 대신 감옥살이를 하려고 왔습니다."

"그게 무슨 소리냐. 내가 어찌 자식을 고생시킨단 말이냐. 어서 돌아가거라."

"아닙니다, 아버지. 이것이 자식된 도리입니다. 그러니 제 부탁을 들어주십시오."

"안 된다. 너를 고생시켜놓고는 내가 어찌 마음이 편하겠느냐. 네가 이곳에 있는 것을 보는 것보다 차라리 내가 여기 있는 게 낫다."

대신 하겠다, 안 된다, 대신 하겠다, 안 된다며 실랑이를 하는 부자를 본 관리는 돈에 매수된 자신의 모습이 부끄러워졌다. 그래서 관리는 두 사람을 함께 보내주었다.

"아버지, 도대체 어찌 된 일입니까?"

돌아오는 길에 이상재는 자초지종을 물었다.

"아무개 부자 있잖니, 그놈이 우리 선산을 뺏으려고 모함을 했지 뭐냐."

"그럼 선산은 어떻게 되었습니까?"

"돈 없고 힘없는 내가 별 수 있겠느냐. 어쩔 수 없이 선산을 그놈에게 빼기고 말았어. 그나마 감옥에서 풀려나왔으니 다행이라고 생각해야지."

"그래도 아버지, 이런 억울한 일을 어떻게 참을 수가 있겠어요!"

"선산이 내 땅이 아니라고 여길 수밖에 별 도리가 있느냐."

체념한 아버지를 보니 이상재는 더욱 기가 막혔다. 이상재는 정의심이 강한 사람이었다. 그래서인지 그 상황을 참을 수 없었다.

그날 이상재는 뜬눈으로 밤을 새며 어떻게 하면 그 땅을 되찾을 수 있을까 궁리했다. 날이 밝자 그는 어젯밤 결심한 일을 당장 실행하러 나섰다.

"상재야, 이른 아침부터 어디를 가느냐?"

"서천 사또를 찾아가려고 합니다."

"아서라. 그만두려무나. 약자는 어딜 가더라도 마찬가지란다."

"그래도 힘닿는 데 까지는 해봐야죠. 힘없는 놈이라고 당하기만 하면 되나요."

아버지가 말려도 소용이 없었다. 이상재는 그 달음에 서천으로 가서, 동헌 앞에 엎드렸다.

"자네는 누구인가? 또 무슨 일로 여기까지 왔는가?"

"예, 저는 한산 지방에 살고 있는 이상재라고 합니다. 조상들을 몽땅 도둑맞고 나니 하도 억울해서 이렇게 찾아왔습니다."

"조상들을 도둑맞다니, 그게 무슨 소리냐?"

"마을의 부자에게 하루아침에 선산을 모두 빼앗겼습니다. 이게 조상을 도둑맞은 것이 아니고 무엇이겠습니까?"

"어찌된 일인지 자세히 말해보아라."

이상재는 일의 처음부터 끝까지 차근차근 설명했다. 자초지종을 듣고 난 사또는 당장 엄명을 내렸다.

"게 누구 없느냐?"

"예, 말씀하십시오."

"지금 당장 관원 하나를 한산으로 보내어 아무개 부자가 어떤 놈인지 자세하게 조사하도록 하여라."

"예, 알겠습니다."

관원은 서둘러 한산 지방으로 향했다. 그리고 주변 사람들을 만나 부자가 어떤 사람인지 정탐했다.

"그 부자놈 말입니까? 말도 마십시오. 천하에 그런 못된 놈이 또 있을라고요."

"그놈은 남의 것을 빼앗아 재산을 모은 날도적입니다."

"언젠가는 천벌을 받을 거예요."

만난 사람마다 한결같이 부자를 탓했다.

관원은 마지막으로 증인으로 나섰던 사람을 찾아갔다. 좀처럼 입을 열지 않으려던 그 사람은 관원의 설득으로 어렵게 입을 열었다.

"제가 거짓말을 했습니다. 목구멍이 포도청이라 어쩔 수 없었어요. 그 부자의 논밭에 소작을 부치며 살고 있습니다. 그러니 그 사람이 시키는 대로 할 수 밖에요…."

관원은 서천으로 돌아가서 조사한 것을 알렸다.

서천 사또는 당장 그 부자를 잡아들였다. 그러고 나서 다시 재판을 열어 이희택에게 선산을 되돌려주었다. 부자는 결국 감옥에 갇히고, 그에게 뇌물을 받고 일을 꾸민 서생과 지방 관리는 관직을 박탈 당했다.

억울하게 빼앗겼던 땅을 아직 열다섯 살밖에 안 된 이상재의 용기로 되찾았다. 만약 이상재도 부자의 재력과 권력이 겁이 났다면 그 땅을 포기했을 것이다. 그러나 불의 앞에서 굽히지 않고 맞서 싸웠다. 이처럼 이상재는 어렸을 때부터 용기와 정의감이 남달랐고, 지략도 뛰어났다.

이 일이 있은 후 한산 지방뿐 아니라 서천 일대까지 이상재의 이름을 모르는 사람이 없었다.

과거 시험

이상재가 열일곱 살 되던 해,

프랑스 신부들과 천주교인들을 박해하고 처형한 병인양요가 일어났다. 프랑스 신부를 학살한 것을 빌미로 미국 상선 제너럴셔먼 호가 대동강을 거슬러 올라와 통상을 강요하자, 군민들이 배에 불을 지르고 선원을 몰살시키는 일도 일어났다. 모두 1866년의 일이다. 이런 일로 민심은 더욱 뒤숭숭해졌다.

그 후 흥선대원군은 1871년에 전국 곳곳에 척화비를 세워 온 백성이 외세의 침입에 경계하게 했다. 척화비의 내용은 다음과 같다.

> 서양 오랑캐가 침범하는데 싸우지 아니하면 화친하는 것이고, 화친을 주장하는 것은 나라를 파는 것이다(洋夷侵犯 非戰則和 主和賣國).

1800년대, 세계는 '제국주의'의 이름으로 자본주의가 팽창하던 시기였다. 산업화를 이룬 서구 열강은 지속적으로 아시아의 문호를 개방하라는 압력을 넣었다. 중국은 1842년에 영국과의 아편전쟁에 패한 후 개항했다. 일본 역시 미국의 페리 제독이 군함을 몰고 와 으름장을 놓는 바람에 1853년에 어쩔 수 없이 개항했다. 일본의 경우는 그 결과 사회 · 경제 전반에 큰 변화를 몰고 와 근대화가 시작됐다.

하지만 대원군은 외국의 세력들을 견제만 하는 바람에 그만큼 근대화가 늦어졌다. 당시의 고종이 왕위에 있긴 했지만 나이가 너무 어렸기 때문에 실제로는 그의 아버지인 흥선대원군이 나라를 다스리고 있었다. 서양 세력이 들어오면 과학이나 기술이 들어오는 장점도 많지만 그만큼 단점도 많았다. 강한 군대로 밀어붙여 나라의 통치권을 빼앗기도 하고, 많은 자원을 강제로 가져가기도 했기 때문이다. 대원군은 이런 외국 세력이 맞서 쇄국정책★을 펴고 있었다.

흥선대원군은 권력을 쥔 뒤에 많은 정책을 실시하였다. 먼저 왕권을 확립하기 위해 세도정치를 없애고 인재를 고루 등용했다. 그리고 사회 개혁의 일환으로 관리의 기강을 바르게 세우고, 풍속을 교정하고 사치를 금하며 의복을 간소화했다. 또 재정 확보를 위해 평민에게만 부과되던 군포를 양반에게까지 확대하는 '호포제'를 실시하였다.

대원군은 이에 그치지 않고 국가 재정의 손실을 입히는 서원★을

★ **쇄국정책** 다른 나라와 통상, 교역을 금지하고 외교 관계를 제한하는 정책.
★ **서원** 조선 시대에 선비들이 모여 학문을 강론하거나, 학문이 뛰어난 학자나 충신을 제사하던 곳.

과감히 정리하였다. 이 과정에서 양반들은 대원군의 정책에 반대하며 저항했다. 왕실과 통치 체제의 확립을 위해 경복궁을 고쳐서 짓는 사업 역시 좋은 의도로 시작했지만 오랜 기간의 노역과 지나친 세금 때문에 백성의 원망을 듣게 되었다.

이렇듯 밖으로는 통상을 요구하는 외세에 맞서며 안으로는 왕권을 강화하다보니 나라 안은 벌집을 쑤셔놓은 듯 어수선하기만 했다.

선산을 되찾은 이후에 이상재를 주목하는 사람들이 많아졌다.

그중에 누구보다도 그를 아끼는 사람은 같은 가문의 이의진이었다. 이의진은 한때 중앙관리 벼슬까지 했었다. 그러나 부패한 관직에 회의를 느끼고 지방에 내려와 한산에서 젊은이들을 모아 글을 가르치고 있었다. 그러다보니 이상재도 그의 문하로 들어가 학문을 닦게 되었다.

어느 날, 이의진이 이상재를 불렀다.

"여보게, 상재. 요즘 공부하는 재미가 어떤가?"

"선생님께 배우면서부터 학문의 세계가 더욱 넓어지는 것 같습니다."

"사실 가르치고 배우는 일이란 끝이 없는 법이지. 배움이란 무궁무진한 것이니까."

"예, 그렇습니다."

이의진은 속내를 넌지시 드러냈다.

"그런데 나 같은 사람에게는 학문이 고민거리가 되기도 한다네. 옛날의 공자님 처지와 비슷하다고나 할까. 학문에서 고귀한 뜻을 찾았으면서도 그 뜻을 세상에 펴는 일에는 실패했으니 말이야."

이의진은 이상과 현실 사이의 괴리감을 얘기하고 있었다. 한때 높은 벼슬자리에 올랐으면서도 관직의 부패에 혐오감을 느껴 뼈아픈 패배감을 안고 물러선 경험이 있었기 때문이다.

"내 말이 어려운가?"

"아닙니다, 선생님. 지금 그 하신 말씀이 무슨 뜻인지 알아들었습니다."

"고맙네."

"문제는 과거의 일이 아니라 오늘 우리 앞에 놓인 일들이라네. 지금 이 나라가 이렇게 어려운데 누구 하나 나서서 바르게 고치려는 자가 없으니, 도대체 우리가 배우는 학문이라는 것이 무슨 쓸모가 있단 말인가."

"듣고보니 정말 그렇군요."

"우선 나부터가 스스로 실행하지 못하고 있는 학문을 입으로만 가르치고 있다는 사실 때문에 마음이 아프다네."

이상재는 이의진의 말을 깊이 공감했다. 이의진은 이상재를 주의 깊게 살펴보면서 말을 이었다.

"그런데 말일세."

이의진의 눈이 갑자기 빛나기 시작했다.

"나는 요즘 자네의 행동을 눈여겨보면서 큰 힘을 얻고 있어. 정의를 위해 싸우는 그 용기 말일세. 지난번 자네가 불의한 재판을 바로 잡는 것을 보고 무척 감탄했다네. 나에겐 학문은 있어도 그런 지략과 용기는 없거든."

"아닙니다. 지나친 평가이십니다."

"아니야, 괜히 자네를 칭찬하려는 게 아니야."

이의진은 단호한 목소리로 말했다.

"그래서 생각한 바가 있다네. 자네 같은 사람이 과거에 응시해야 한다는 것이지. 불을 끄기 위해서는 불난 집으로 뛰어들어야 하는 것 아닌가."

이의진은 나라가 바로 서려면 그 한가운데 뛰어나고 충실한 일꾼이 필요하다고 생각했다. 그러면서 이상재가 그 일에 적임자라고 판단했다.

"그렇지 않아도 나라가 이처럼 어수선한 상황에 제가 무엇을 해야 할지 고민하고 있었습니다. 그런데 선생님께서 그 말씀을 꺼내시는군요."

"내 바람이 자네의 생각과 같구먼. 나야 물러난 지 오래지만 자네 같은 기개를 가진 젊은이가 이렇게 초야에 묻혀 있으면 안 되지. 그러니 뜻을 세워 꼭 과거에 응시해보게나. 세상이 어려울수록 민심은 인물을 기다린다네. 뜻을 세우면 자연히 길은 열리는 법이라네."

이상재는 1867년, 열여덟 살의 나이에 과거에 응시하였다. 과거

는 관직에 나아가는 유일한 길이었기에 전국에서 우수한 젊은이들이 시험장으로 모여들었다. 이상재가 서울에 도착했을 때, 시험장은 사방에서 모여든 선비들로 가득 차 있었다. 얼핏 둘러보니 자기는 나이가 어린 축에 드는 것 같았다.

그러나 막상 시험장에 들어가니 분위기는 전혀 달랐다. 어쩐지 긴장감이 없었고, 응시자들의 얼굴에서도 자신감과 패기는 찾아볼 수 없었다. 심지어 기대감조차 없는 듯했다.

"이번 시험도 보나마나야."

"언제 자기 실력으로 장원을 한 사람이 있었나."

"세도가의 자식이 아니면 뇌물을 써야만 급제하는 판국이니."

"우리같이 가난한 시골뜨기 선비로선 하늘의 별 따기지."

"그러니 나라 꼴이 이 모양일 수밖에."

이상재 역시 지금의 과거 제도가 얼마나 부패했는지 알고는 있었다. 그러다가 직접 현장에서 경험을 하니 맥이 빠질 수밖에 없었다.

시간이 되자 시험 제목이 붙었다. 아무리 실력으로 판가름나는 시험이 아니라 하더라고 이상재는 심혈을 기울여 글을 썼다. 노력도 안 할 수는 없는 노릇이었다. 그러나 그는 시험을 치면서도 불길한 예감을 버릴 수가 없었다.

시험을 마친 후, 그는 예감대로 보기 좋게 낙방하고 말았다. 이번 시험 급제자들의 이름을 보니 역시 세도가의 자제들이었다.

여기저기서 웅성거리며 불평이 쏟아져나왔다.

"저럴 줄 알았어."

"시험장에서 누가 저놈의 글을 대신 써주는 걸 봤다네. 그렇지만

감독관은 모른 척하더군."

"당연하지. 어떤 집안의 자제인데. 목이라도 붙어 있으려면 모른 척하는 게 도리지."

"천하에 일자무식이나 다를 바 없는 놈팡이가 뽑혔어."

"입이 천 개가 있어도 할 말이 없군."

"이 나라의 운명이 한심하군. 여기는 두 번 다시 발을 들여놓을 곳이 못 되는구먼."

이상재는 결과를 확인한 후 조용히 자리를 떠났다. 예상하지 못했던 것은 아니지만 실망과 좌절이 한꺼번에 몰려왔다. 그는 어지러운 마음을 가눌 길이 없었다.

'아, 이 나라가 어찌되려고 이러는가.'

이런 생각에 그는 온몸에 기운이 빠지는 것 같았다. 터덜터덜 걸어 나오다 그는 잠시 걸음을 멈추고 하늘을 쳐다보았다. 맑고 푸른 하늘이었지만 이상재의 눈에는 금세 비가 올 듯 검은 먹구름이 가득 덮인 것처럼 보였다.

바로 그때, 누군가 그의 어깨를 쳤다.

"아니, 이거 상재 아닌가."

놀라서 뒤를 돌아보니, 같은 가문에 삼촌뻘 되는 이장직이 서 있었다.

"숙부님 아니십니까. 잘 계셨는지요."

"잘 지냈다네. 그런데 자네 이번 시험에 응시했던가?"

"예."

"어깨가 축 처진 걸 보니 낙방했구먼."

이상재는 아무 말도 할 수 없었다.

"너무 상심하지 말게. 나도 이번 시험에 보기 좋게 미끄러지고 말았으니까."

"그렇군요. 하지만 제가 가슴 아픈 건 과거에 떨어졌기 때문만은 아닙니다. 이 나라의 앞날이 걱정되기 때문입니다. 나라 돌아가는 꼴이 이러하니, 정말 나라를 사랑하고 자신의 몸처럼 아끼는 인물이 나올 수 있을지 의문스럽습니다."

"기특한 생각을 했구먼."

"사실이 그렇지 않습니까…."

그러자 이장직이 슬그머니 이상재의 앞을 가로막으며 물었다.

"그럼 자네는 앞으로 어떻게 할 셈인가?"

"별 수 있습니까. 지금으로선 시골로 내려가서 조용히 농사나 지으면서 살고 싶다는 생각밖에 없습니다."

"하지만 말이야…."

잠시 생각하던 이장직은 말을 이었다.

"세상을 모두 부정적으로만 보아선 안 된다네."

"그럼 어떤 희망이라도 있나요?"

"지금 자네가 생각하는 만큼 모든 벼슬아치들이 썩어빠진 것만은 아니라는 말일세. 저들 가운데는 양심과 양식이 살아 있는 자가 분명히 남아 있거든."

"물론 그럴 테지요. 하지만 그런 자를 찾아보기가 어디 쉬운 일입니까?"

"쉽지는 않지. 그러나 나는 그런 사람을 한 사람 알고 있다네."

"그가 누구입니까?"

"박정양 승지★라네."

"승지 박정양이라구요?"

"그렇다네. 박 승지처럼 나라 일을 걱정하면서 잘못을 바로 잡으려고 애쓰는 이도 드물 걸세."

"정말입니까?"

"한번 만나보면 내 말이 틀리지 않다는 것을 알게 될 걸세."

"제가 뵐 수 있을까요?"

"그렇다네. 내가 주선해줄테니 만나보게나. 그 분을 만나면 자네 생각도 바뀔 거야. 그러니 그렇게 어깨를 늘어뜨리지 말고 희망을 가지게나."

나라를 걱정하는 지조 있는 관원이 있다는 말에 이상재는 마음의 위로를 받았다. 그리고 청렴한 관리라는 말에 마음이 끌리기 시작했다. 그는 이장직을 따라 승지 박정양의 집으로 향했다.

★ 승지 승정원에 딸려 왕의 명령에 관한 일을 맡아보던 정삼품의 당상관.

승지 박정양

승지 박정양은 실학자이자 《열하일기》와 《양반전》을 지은 연암 박지원의 일가였다. 그리고 조정 안에서 개혁진보파에 속하는 정치가이기도 했다. 이름 없는 시골 젊은이 이상재가 조정의 거물급 인사를 만나게 된 것이다.

이장직은 박정양에게 이상재를 소개했다.

"비록 이번 과거에서 떨어지긴 했으나 이 사람은 매우 유망한 젊은이입니다."

"여기까지 찾아와주어서 고맙네."

박정양은 이상재보다 겨우 아홉 살 위였는데, 품위와 인품을 갖추고 있어 무척 근엄해보였다.

"이름이 뭔가?"

"이상재라고 합니다."

"본관은 어디인가?"

"한산 이씨입니다."

"어허, 친척 한 사람을 만났군. 한산 이씨라면 나의 외가가 된다네. 반가워."

"보잘것없는 이를 반겨주시니 감사합니다."

"이번 시험에 낙방한 소감 한번 말해보게나."

이상재는 조정과 관원에 대한 자신의 의견을 솔직하게 털어놓았다. 그는 이런 말로 자기 소감을 끝맺었다.

"관직을 지원하는 자들의 태도에도 문제가 있지만, 더 큰 문제는 현직 관원들에게 있습니다. 나라가 이처럼 어지러워진 것은 백성의 탓이 아니라 벼슬아치들의 부패에 그 원인이 있는 것 아닙니까."

두 눈에 총기가 번뜩이는 젊은이, 빈틈없이 똑똑한 언변을 가진 젊은이, 게다가 현직 관원 앞에서 조금의 주저함 없이 벼슬아치들의 부패를 비판하는 젊은이, 그런 이상재는 승지 박정양의 마음을 사로잡았다.

'이런 젊은이라면 일을 맡겨도 잘해낼 수 있겠어.'

이상재의 말이 끝나자 박정양이 입을 열었다.

"자네가 가진 안목과 통찰력은 참으로 대단하구먼. 그래 앞으로 자네는 어떤 일을 해볼 셈인가?"

"아직 뒷일은 생각하지 못하고 있습니다. 지금으로서는 고향으로 내려가 농사를 지으면서 조용히 살고 싶습니다."

"내가 보기에 자네는 재목이라네. 그런데 초야에 묻혀서야 되겠는가."

"인재라니, 과찬입니다. 그러나…."

이상재는 말을 잠시 멈추고 머뭇거리다니, 무슨 결심이라도 한 듯 말을 이었다.

"쓸 만한 인재가 있다한들 무슨 소용이 있겠습니까. 용도 비구름을 만나야 하늘로 날아오를 수 있듯 인재도 때를 만나야 하는 것 아니겠습니까. 그러니 때를 만나지 못한 인재는 빛을 못 보고 묻혀버리게 마련이지요."

"여보게, 잠깐만."

승지 박정양은 손을 들어 막으면서 입을 열었다.

"참된 인재란 때를 만나지 못했다고 해서 주저앉는 법이 없다네. 자기의 때를 기다리는 것도 인재가 하는 노릇이야. 안 그런가?"

"그렇긴 합니다. 하지만 세상 돌아가는 형편을 보면 제가 어떤 희망을 가질 수나 있겠습니까?"

"아닐세. 사실 나도 때를 기다리고 있는 사람 가운데 하나라네."

박정양은 아무 말이 없이 고개를 떨구고 있는 이상재에게 다시 이야기를 시작했다.

"내 말을 잘 들어보게나. 일단 고향으로 내려가지 말고 우선 여기서 나와 함께 지내보면 어떻겠나? 먹고 입는 문제는 아무런 걱정 없도록 해줄 테니, 나와 관계된 집안일을 약간씩 도와주면서 지내면 될 걸세. 그러면 언젠가는 좋은 기회도 만날 수 있겠지."

"그렇더라도 일면식도 없는 제가 신세를 진다는 것은 폐가 될 것 같습니다."

박정양이 부드러운 목소리로 대답했다.

"괜찮아. 그동안 자네는 내 집에 머무르면서 부지런히 학문이나 닦아두게. 좋은 재목은 언젠가는 알맞은 자리에 쓰이는 법이니까."

"감사합니다."

"오히려 내가 감사하지. 좋은 사람을 만났으니. 이게 다 하늘의 뜻이 아니고 무엇이겠는가."

박정양은 이상재의 사람됨을 보고 자기 곁에 두었다가 적당한 시기가 되면 관직을 주어 함께 일을 하고 싶었다. 뜻밖의 인연으로 이상재는 그날부터 박정양의 집에서 살게 되었다.

이상재는 박정양의 개인 비서가 되었다. 그는 집안의 잔심부름을 하고 내방객들을 안내하며, 저녁 때 박정양이 퇴근하면 하루 동안의 집안일을 보고했다. 그리고 남은 시간에는 책을 읽고 공부했다.

박정양의 집에는 날마다 손님이 찾아왔는데, 그 가운데는 우국지사가 있는가 하면 더러는 아첨꾼이 와서 수다를 떨다가 돌아가기도 했다. 그들이 좋은 사람이든 나쁜 사람이든, 이들의 한담을 통해 이상재는 세상 돌아가는 물정을 자세히 알 수 있었다.

이상재는 그 후 13년 동안 박정양의 집에서 지냈다. 그가 과거 시험에 낙방한 열여덟 살 때부터 서른한 살 때까지, 그야말로 그의 젊은 시절을 고스란히 그곳에서 보냈던 것이다.

어찌 보면 허송세월과도 같았다. 하지만 이상재는 이 시기에 개화파 박정양의 영향으로 세상 돌아가는 이치와 국내외 정세에 대한 지식을 쌓을 수 있었다.

승지 박정양은 시간이 날 때마다 이상재와 함께했다. 둘은 학문을 토론하기도 하고 나라와 시국에 대해 이야기를 나누기도 했다. 그러나 결론은 언제나 걱정으로 끝나버리곤 했다. 사실 박정양도 외로운 사람이었다. 그의 지조는 굳었으나 시대 상황은 어지럽기만 하였으니, 자기의 뜻을 제대로 펴기가 어려웠던 것이다.

몇 해가 지난 어느 날, 박정양은 이상재에게 심경을 물어보았다.

"요즘은 자네 생활이 어떠한가?"

"막막합니다. 생각은 많으나 어떻게 처신해야 할지 모르겠습니다."

"나도 그런 줄은 짐작하고 있었다네. 현재로선 어쩔 도리가 없구먼. 그러나 낙심하진 말게. 큰 그릇은 많은 시간이 걸려서야 만들어진다는 말이 있잖은가."

"그래서 저도 하늘이 내려줄 기회를 기다리고 있는 중입니다. 그러니 너무 염려하지 마십시오."

"암, 그래야지. 그게 장부다운 생각이니까."

말은 그렇게 했지만 몇 해가 지나도록 날마다 같은 생활이 되풀이되자, 이상재는 울적한 마음을 이기기 어려웠다.

그러던 어느 날, 그는 자기의 마음을 달랠 좋은 묘안을 하나 생각해냈다. 그날 그는 하인이 저녁 밥상을 들고 들어서자 무턱대고 큰 소리를 쳤다.

"아니, 오늘 밥상이 왜 이 모양이냐!"

하인은 깜짝 놀라서 아무 말도 못하고 서 있었다.

"내가 아무리 이 집에서 오랫동안 식객 노릇을 하고 있다지만 도대체 이게 뭐냐!"

"왜요, 무슨 문제가 있습니까?"

"두말하지 말고 어서 밥상을 물려라!"

"밥상을 물리다뇨?"

"잔소리하지 말고 어서 물리란 말이다."

하인은 더 이상 말을 꺼내지 못하고 돌아나와 이 사실을 박정양에게 알렸다.

"승지 어르신, 오늘 이 선생께서 느닷없이 화를 내시면서 밥상을 받지 않고 물리셨습니다."

"무슨 일로 그리하였느냐?"

"모르겠습니다. 갑자기 벌어진 일이라서 말입니다."

박정양은 곧 이상재의 방으로 건너갔다.

"자네 어찌된 일인가. 어디 몸이 불편한가?"

"아닙니다."

"그럼 무슨 일로 밥상을 물렸나?"

그러자 이상재는 태연하게 대꾸하였다.

"집안의 강아지도 태어난 날이 있잖습니까?"

"그래서?"

"그런데 전 이게 뭡니까? 생일인데도 누구 하나 마음 써주는 이 없고, 밥상도 노상 똑같은 시래기국에 반찬이라곤 김치 뿐이니."

"아니 그럼 오늘 자네의 생일인가?"

"제 생일을 제 입으로 말해야만 아신다니, 원…."

"어이쿠, 이거 큰 실례를 했구먼."

박정양은 부랴부랴 달려 나가 특별한 음식들을 잘 차려 대접하라고 했다. 얼마 지나서 상에는 갖가지 음식들이 차려졌고, 거기엔 평소에 잘 먹지 못하는 고기와 술까지도 곁들여 있었다. 물론 이날은 이상재의 생일이 아니었다. 괜한 심술을 부려본 것이다.

생일 소동을 일으키고 난 며칠 후, 또다시 느닷없이 밥상을 받지 않고 이번에는 아예 자리에 누워버렸다.

"이 선생님, 왜 그러십니까?"

"무슨 일인지 알고 싶거든 어서 안방마님을 모셔오너라."

전갈을 받은 박정양의 부인이 부랴부랴 이상재의 거처로 왔다.

"웬일로 절 부르셨습니까?"

"다름이 아니라…."

이상재는 자리에서 일어나 앉으면서 대꾸하였다.

"오늘이 제 생일이라서 다른 음식은 통 내키지 않는군요."

"선생님 생일은 며칠 전에 치르지 않았습니까?"

"그때는 제가 날짜를 잘못 알아서 그랬지요. 진짜 생일은 바로 오늘입니다."

"아, 그러셨군요. 그럼 잠시만 기다려주세요. 정성껏 차려드리겠습니다."

그는 또 한 차례 잘 차린 생일상을 받았다. 승지 부인은 의아했지만 그의 요청을 들어주었다.

그런데 이 일이 있은 지 며칠이 지난 후, 이상재는 또다시 하인의 밥상을 받지 않았다.

"아이고, 또 왜 이러십니까…."

"이거 생일상이 이래서야 어디 되겠느냐!"

"이번에도 생일입니까? 벌써 두 번이나 생일상을 받지 않았습니까!"

"에이, 이 사람아. 그건 작년 몫의 생일이었어. 나는 작년에도 생일상을 받지 못했거든. 그러니 어서 올해 몫의 생일상을 차려오너라."

이런 전갈을 받은 승지 부인은 웃으면서 하인에게 다시 상을 차리도록 하였다. 거듭 세 차례나 생일상을 차렸지만 화가 나기보다는 그 모양새가 재미있고 우스웠기 때문이다.

그날 저녁 늦게 돌아온 박정양은 부인에게 그 이야기를 들었다. 그러자 박정양은 이상재의 방으로 건너와 물었다.

"아니 도대체 자네의 생일은 1년에 몇 차례나 되는가?"

그러자 이상재는 한바탕 호탕하게 웃더니 대꾸하였다.

"승지님, 이런 일로라도 웃어야지, 그렇지 않으면 답답한 세상에 웃을 일이 있어야지요. 안 그렇습니까?"

"듣고 보니 정말 그렇구먼. 하하하."

박정양은 이 일을 계기로 이상재의 무료한 심정을 더 잘 헤아릴 수 있게 되었다. 이때부터 그는 자주 이상재의 말벗이 되어주었고, 그때마다 그의 담백한 말씨와 재치에 감탄하였다. 남의 집에 식객처럼 얹혀살면서도 그는 의젓하고 당당한 기개를 잃지 않았고, 재치와 해학으로 사람들에게 웃음을 주었다.

이 일 말고도 이상재는 종종 장난기를 발휘해 여러 사람을 당황하게 만들기도 하고 웃기기도 했다. 이런 면에서 그는 굉장히 해학적이고 괴짜이기도 했다. 그런 그를 사람들은 이렇게 평하곤 하였다.

"그는 다른 사람들을 웃기는 데 특별한 재주가 있어. 때론 황당스럽게 만들기도 하지만 말이야."

"맞아. 그에게는 호통을 치면서도 상대편에게 유감을 남기지 않는 묘한 재주가 있어."

어느 날 박정양이 몸이 불편하여 자리에 누웠다. 그는 이상재에게 의원을 불러오라고 했다.

"그 의원이 나의 병을 잘 알고 있으니 잘 치료해줄 걸세. 그러니 속히 가서 불러오게나."

이상재는 몹시 불쾌한 표정을 지으면서 자리를 떴다. 하인이 있는데 자기에게 그런 심부름을 시키는 것이 못마땅하다는 기색이 역력했다.

의원의 집에 도착한 이상재는 퉁명스럽게 말했다.

"자네가 그 유명하다는 의원인가?"

"예, 어디서 오신 손님이신가요?"

"난 박정양 승지 댁의 심부름꾼일세. 지금 승지가 병이 나서 누워 있으니 속히 달려가보게나."

"어디가 어떻게 아프신가요?"

"그 이상은 본인에게 물어보게나. 아픈 게 내 몸이 아니라서 나도 모르겠네. 그럼 나는 바빠서 이만."

자세한 설명 같은 건 하려고 하지도 않았다. 이상재는 의원을 데리고 가기는커녕 그 말만 남기고 휑하니 되돌아서 돌아가버렸다.

'저런 무례한 놈이 있나.'

의원은 몹시 불쾌했으나 어쩔 도리가 없어 채비해서 박정양의 집으로 갔다. 의원은 박정양의 병을 돌본 후 이상재의 행동을 일렀다.

"승지께서 제게 심부름을 보냈던 사람이 누구입니까?"

"왜 그러는가?"

"언행이 하도 불쾌해 한마디하고 싶었으나 승지 어른의 일이라서 꾹 참았습니다."

"오, 그랬던가. 미안하네. 그에게 심부름시킨 내 잘못이야. 어쨌든 잘 참았구려. 그는 보통 사람이 아니거든."

자리에서 일어난 후 박정양은 이상재를 불렀다. 그리고 그 일에 대해 타일렀다.

"아무리 내 부탁이 불쾌했어도 남에게 무례한 짓은 삼가야 할 것 아닌가!"

그러자 이상재는 태연하게 대답하였다.

"제가 심부름을 너무 착실하게 하면 후에 또 그런 일을 시킬 것 아닙니까?"

박정양은 그저 껄껄 웃을 수밖에 없었다. 박정양은 엉뚱해 보일 정도로 개성 강한 이상재를 참으로 아끼고 있었다.

정변의 소용돌이

이상재는 가끔 고향으로 내려가 부모님과 아내를 만나는 것 외에는 바깥 사람들과 어울리는 일 없이 대부분을 박정양의 집에서만 지냈다. 그리고 찾아오는 손님들이 있을 때만 그들과 이야기를 나누곤 했다.

그는 다른 사람에게 자신의 처지를 한탄하거나 불평하는 말을 한 번도 한 적이 없었다. 박정양에게 어서 길을 열어달라고 조급하게 부탁하지도 않았다. 한 번 과거 시험에서 떨어지고 나서는 두 번 다시 과거에 응시하지 않았다. 그는 정말 잠잠히 자기 때가 오기를 인내심을 가지고 기다렸다.

그러던 어느 날, 박징양이 뜻밖의 말을 꺼냈다. 그때 박정양은 호조판서의 자리에 올라 있었다.

"이번에 자네도 큰 나들이를 한번 해볼 기회가 왔다네."

"그게 무슨 말씀입니까?"

"조정에서 신사유람단을 조직하여 일본 시찰 계획을 세웠는데 그 일을 내가 맡게 됐네. 그래서 자네가 내 수행원이 되어 함께 일본에 다녀왔으면 하는데, 자네 생각은 어떤가?"

"좋습니다. 정말 좋은 기회인 것 같습니다."

"그럼 단단히 채비하게나."

"예, 그렇게 하겠습니다."

흥선대원군이 물러나고 고종 황제의 비(妃)인 명성황후가 실권을 잡은 후, 조선은 외세의 압력에 문호를 조금씩 개방하기 시작했다. 강화도조약★이 바로 그 시작이었다.

강화도조약을 체결한 뒤, 조정에서는 의견이 제각각이었다.

"이렇게 불평등한 조약을 체결하는 게 말이나 되오?"

"일이 이렇게 되었을 바에야 일찍부터 서양의 문물을 받아들인 일본이 그동안 어떻게 변했는지 우리가 한번 둘러보아야 하지 않겠소?"

"그렇게 하는 게 좋겠습니다."

조정의 관리들은 강화도조약 시찰단을 파견하기로 결정했다. 당시 조정에는 외국과의 교류를 완강히 반대하는 수구파★가 많았기

★ **강화도조약** 조선 시대 1876년(고종 13)에 운요호 사건을 계기로 조선과 일본 사이에 체결된 수호조약이다. 군사력을 동원한 일본의 강압에 따라 체결된 불평등조약이었으며, 이 조약에 따라 당시 조선은 부산 외에 인천, 원산의 두 항구를 개항하게 되었다. '병자수호조약'이라고도 부른다.

★ **수구파** 옛 제도나 관습을 그대로 유지하고자 하는 사람들을 일컫는 말. 그러나 여기에서는 조선 말기 명성황후를 중심으로 하여 중국 청나라를 등에 지고 독립을 주장하던 이들과 대립하던 무리를 일컫는다.

때문에 그들과의 마찰을 피하려고 사찰단의 이름도 '유람단' 이라 붙였다. 겉으로는 유람단이었으나 실상은 서양 문물을 받아들인 일본의 곳곳을 살펴보기 위한 시찰단이었다.

이윽고 호조판서 박정양을 비롯하여 신사유람단이 일본으로 향했다. 1881년 4월이었다. 일행 가운데는 뒷날 개화파의 주동 인물들이 된 홍영식과 김옥균 등이 있었고, 이상재도 수행원의 한 사람으로서 그들과 동행하였다. 신사유람단 일행은 12명의 조사와 통역관, 수행원, 하인까지 포함해 60여 명이었다.

신사유람단의 일원으로 일본을 방문한 것은 이상재에게 매우 의미있는 일이었다. 조정 대표들로 구성된 사절단 가운데 하나로 발탁되어 떠났으니 그에게는 화려한 정치 입문인 셈이었다. 또한 더 넓은 세상을 보고 생각의 크기를 넓힐 기회가 되기도 했다.

"일본은 일찍부터 서양 문물을 받아들였기 때문에 많이 발전했을 것입니다. 거기에 비하면 우리나라는 너무나 늦었다고 생각지 않습니까?"

"이제라도 늦지 않습니다. 우리나라도 하루빨리 문호를 개방해서 발전에 힘써야지요."

"아무튼 우리의 책임이 큽니다. 이번 기회에 견문을 넓혀 나라의 발전 힘써 보도록 합시다."

"암, 그래야죠."

시찰단 일행은 배를 타고 현해탄을 건너가면서 이번 일본 방문이 조선에 근대화의 큰 힘이 되기를 기대했다.

일본도 미국의 압력에 의해 어쩔 수 없이 개방했지만, 서양의 문물을 받아들여 발전된 모습은 눈부실 정도였다. 이상재는 일행은 일본의 시가지를 둘러보며 새로운 문물과 달라진 사회상에 큰 충격을 받았다.

"마치 다른 세상에 온 듯한 느낌이 듭니다."

"여기에 비하면 한양은 너무나 초라하군요."

"예전엔 일본이 우리나라에서 문화를 배워서 갔는데, 이제는 오히려 반대가 될 상황이군요."

"일본이 이렇게 변하도록 우리나라는 그동안 무엇을 했나 싶습니다. 척화비나 세워놓고 외국의 것이라면 무조건 배척하고 밀어냈으니, 참으로 어처구니없는 일입니다."

이렇게 새로운 문물에 대해 감탄하며 이야기를 나눌 때, 이상재는 다른 이야기로 화제를 돌렸다.

"이런 식으로 가다가 우리나라가 언젠가는 일본한테 지배를 당하는 것 아닙니까?"

이상재의 말에 홍영식이 근심어린 대답을 했다. 홍영식은 12명의 조사 가운데 한 사람이었다.

"저도 그 점이 염려가 됩니다. 약자는 언제나 강자에게 짓밟히게 마련이니까요."

마음이 맞은 두 사람은 대화를 이어갔다.

"우리나라도 어서 문호를 개방해야 발전할 수 있을 텐데요."

"우리가 너무 늦잠을 잤습니다."

"지금이라도 일본이 우리를 치려 든다면 꼼짝 못하고 당할 수밖에 없는 상황이군요."

"제 생각도 그렇습니다. 이제라도 깨어나야 합니다."

"귀국하면 우리가 앞장서서 나라 발전을 위해 일해봅시다."

"정말 마음이 급해집니다. 돌아가면 개방을 서둘러야겠습니다."

두 사람은 서로 손을 굳게 잡았다.

신사유람단의 일행으로 일본을 둘러본 이상재는 많은 것을 보고 배우고 깨달았다. 그리고 무엇보다 큰 수확은 바로 홍영식과 친분을 쌓은 것이었다. 이들의 대화는 사실 앞날의 국운을 정확히 예견한 것이었다. 두 사람은 서로 뜻이 통했고, 그로 인해 더욱 친밀한 우정이 싹트게 되었다.

시찰단 일행이 일본의 여러 곳을 둘러보는 일은 넉 달이나 계속되었다. 이들이 돌아본 일본은 참으로 놀라움 그 이상이었다. 그래서 시찰단원의 마음이 더욱 바빠졌다. 아직도 낙후된 조선을 생각하면 조바심이 나지 않을 수 없었다. 그들은 조선의 개화가 시급하다는 데 의견을 모았다.

그러나 그때만 해도 조선에는 쇄국정책을 고집하는 수구파가 많아 개화정책을 펴기 어려웠다. 시찰단은 귀국길 내내 마음이 무거웠다.

이들은 돌아와서 즉시 개화당를 만들었다. 그리고 수구파의 반대 속에서도 자신들의 소신을 밀어붙여, 이듬해인 1882년에 미국과 조미수호조약을 체결하는 데 성공했다. 그러나 쇄국정책을 고집하는 수구파의 세력도 만만치 않았기 때문에 두 무리 사이에는 계속 갈등이 있었다. 그리고 갈등이 커져 결국 내란으로 발전했다. 결국 그해 조선은 임오군란★을 겪었다.

여기에서 승리한 수구파는 즉시 흥선대원군을 권좌에 복위시켰다. 개화의 꽃망울이 세찬 우박에 피어보지도 못한 셈이었다. 그러나 그것도 잠시, 권좌에 오른 지 33일 만에 흥선대원군은 청나라 군사들에게 납치되고 말았다. 그러면서 그동안 피신해 있던 명성황후가 다시 실권을 잡자 개화파의 숨통이 트였다.

그러나 명성왕후는 임오군란으로 정권을 잃었다가 청나라의 구원으로 재집권했기 때문에 청나라의 부당하고 무리한 요구를 들어줄 수밖에 없었다. 그러자 개화당 안에서도 대립과 분란이 일어났다. 온건개화파는 종전대로 청나라에 대한 사대주의★ 외교를 지속하며 점진적으로 개혁을 실시하자고 주장했다. 반면 급진개화파는 청나라에 대한 사대 관계를 청산하는 것을 우선으로 삼았다.

청나라의 도움으로 정권을 다시 잡은 명성왕후 세력, 곧 민씨 정권은 급진개화파의 주장이 부담스러웠다. 그래서 서서히 이들에게서 등을 돌리게 되었다. 그러다보니 급진개화파의 입지는 갈수록 좁아졌다. 그들은 결국 온건개화파를 몰아내고 정권을 장악하기로 했다.

1884년 4월, 우정국★ 개국을 축하하기 위한 만찬회에서 그들은

★ **임오군란** 조선 시대, 1882년에 구식 군대의 군인들이 일본식 군대인 별기군(別技軍)과의 차별 대우와 밀린 급료에 대한 불만을 품고 일으킨 변이다.

★ **사대주의** 사대주의란 작고 약한 나라가 크고 강한 나라를 섬기고 그에 의지하여 자기 나라의 존립을 유지하려는 것이다. 조선은 오랫동안 중국을 큰 나라로 섬기며 지내왔다. 급진개화파는 그 관계를 청산하는 게 옳다고 주장했다.

★ **우정국** 1884년에 설립된 우리나라 최초의 근대식 우체국이다.

거사를 치르기로 했다. 한창 만찬의 열기가 무르익어갈 무렵, 갑자기 우정국 곁에 있던 초가집에서 불길이 치솟았다.

"불이야!"

이것을 신호로 하여 급진개화파는 온건개화파를 공격하기 시작했다.

"자, 칼을 들어라!"

"수구파 놈들을 쳐라!"

급진개화파에 속한 사람들이 벌떼처럼 일어나 칼을 휘두르는 바람에 만찬장은 순식간에 아수라장이 되어버렸다. 이때 온건개화파의 우두머리인 민영익, 조영하, 민태호를 비롯해 온건개화파 상당수가 죽임을 당했다. 조정은 곧 급진개화파 일당이 장악하였다. 이것이 바로 '갑신정변'이다.

정변을 일으킨 개화당 정권은 즉시 신정부를 세우고 문벌 폐지, 관리 제도의 개혁, 세금 제도의 혁신 등 그동안의 잘못된 것들을 한꺼번에 쓸어버리며 일대 개혁을 추진했다. 개화당이 이처럼 성공할 수 있었던 것은 일본이 배후에서 지원해주었기 때문이었다.

그러나 개화당 정권은 3일 천하로 끝나버리고 말았다. 칼날을 피해 도망친 온건개화파 무리의 긴급 요청을 받은 청나라 군사가 물밀듯 서울로 쳐들어와 개화당 섬멸에 나섰기 때문이다. 이때 개화당 지도자들은 고종을 호위하고 서둘러 인천으로 피난길을 떠났다.

그러나 중간에 곤란한 상황이 생기고 말았다.

"나는 한양으로 돌아가겠다. 나라가 위태로운데 왕이 왕궁을 떠나고 수도를 버리다니, 말이 되는 소리더냐!"

고종은 한사코 다시 서울로 돌아갈 것을 고집했다. 갑작스러운 사건에 급진개화파 사람들의 의견도 나뉘었다.

"어차피 여기서 붙잡히면 우리에겐 죽음밖에 없습니다. 그러니 이번에 일본으로 도망쳤다가 다음 기회를 보기로 합시다."

김옥균, 박영효, 서광범, 서재필 등은 이렇게 주장하면서 일본으로 가기를 원했다. 그러나 홍영식과 박영교 등은 이 의견에 반대했다.

"우리가 여기서 국왕을 버리고 도망친다면 우리는 백성에게서 반란자들이라는 지탄을 받게 될 것입니다. 그러니 차라리 죽기를 결의하고 왕과 함께 한양으로 돌아갑시다."

오랫동안 입씨름을 했으나 결론을 얻지 못했다. 결국 김옥균과 박영효 등은 일본으로 떠나버렸고, 홍영식과 박영교 등은 한양으로 되돌아갔다가 청나라 군대에게 잡혀서 죽고 말았다.

나라가 이렇게 어수선하고 급박하게 돌아가고 있을 때, 이상재는 어찌 되었을까?

일본 시찰을 마치고 귀국한 그는 1884년에 우정국 총판 홍영식의 주선으로 우정국 주사가 되어 인천에서 일하게 되었다. 그로서는 처음 얻은 벼슬자리였다. 그러나 갑신정변이 개화당의 실패로 끝나자 이상재도 곤경에 빠지게 되었다. 그가 직접 내란에 가담하지는 않았지만 급진개화파의 주동자인 홍영식의 주선으로 관직을 얻었기 때문이다.

갑신정변이 실패한 후 갑신정변의 주동자들과 조금이라도 관련이 있는 자들은 모두 체포되어 처형당했다. 그러니 이상재 역시 목숨이 위태로웠다. 그런데 바로 그때 그는 놀라운 기지를 발휘하였다.

이상재는 제 발로 갑신정변에 관련된 자들을 색출하는 총책을 맡은 한규설을 찾아갔다.

"당신은 누구요?"

"나는 이상재라는 사람입니다."

"무슨 일로 나를 찾아왔소?"

"난 홍영식의 주선으로 우정국 주사 자리를 얻은 사람입니다."

"그렇다면…."

"예. 내가 내란에 가담한 적은 없지만 개화파 사람들과 가까이 지냈던 사람이기에 혐의를 받을 만하지요. 다소나마 책임을 느끼기에 벼슬을 내놓고 고향으로 내려가서 부모님을 봉양하고자 합니다."

한규설은 말이 없었다.

"그러니 나에게 조금이라도 혐의가 생기거든 한산으로 와서 나를 체포해가십시오. 후에 혹시라도 이상재가 어디로 도망쳤다는 말을 듣게 될까봐 미리 일러두는 것입니다."

한규설은 이상재의 말을 들으며 감탄했다.

'어허, 저렇게 용기 있는 젊은이가 어디 있단 말인가. 다른 놈들은 다 도망치기에 정신이 없는데 제 발로 걸어 들어와 이렇게 당당히 자신의 생각을 이야기 하다니.'

"알겠소. 그러면 벼슬을 내려놓고 고향으로 돌아가시오."

한규설은 이상재를 보냈다. 그리고 자기 수하 사람들을 모아놓고 단단히 일렀다.

"이상재가 개화파인 것은 분명하지만 그는 체포하지 마라."

"예, 나리."

이상재는 정권을 위해 서로 죽이고 죽는 살벌한 난국 속에서도 무사히 고향에 내려가 지낼 수 있었다.

이상재의 영민함을 알아본 것은 한규설만이 아니었다. 고종도 그를 아꼈다. 비록 개화파 사람들이 실패하긴 했지만 이상재의 학문과 뛰어난 실력을 알기 때문에 지방 수령의 자리에 앉히려고 했다. 그렇지만 이상재는 벼슬을 거절했다. 자신을 그 자리에까지 이끌어준 박정양이 귀양살이를 하고 있었기 때문이다. 아무리 벼슬도 좋다지만 자신의 은인이 유배되어 있는데 자신만 좋은 자리에서 지내서는 안 된다고 판단했다.

박정양도 개화파의 일원이었으나 온건개화파로 갑신정변 때 직접 가담하지 않았기 때문에 다행히 큰 화는 당하지 않고 잠시 유배당하는 것으로 그칠 수 있었다.

이상재는 고향에서 지내면서도 무상한 시국 변천에 마음이 착잡했다. 갑신정변의 실패로 일본 시찰 때 동행한 사람들이 처형당하는 것을 보는 것이 무엇보다 가슴 아팠다.

'아, 우리나라의 개화는 자꾸만 뒷전으로 밀리고 있구나. 이 나라의 운명이 장차 어찌 될 것인가.'

이런 암담한 생각을 떨쳐버릴 수 없었다.

나랏일에 뛰어들다

이상재는 3년 동안 고향에서 조용히 책을 읽으면서 지냈다. 그동안 혼란했던 시국도 어느 정도 가라앉았다. 다행히 박정양도 유배에서 벗어나 다시 벼슬에 올라 있었다.

1887년, 이상재는 호조판서의 자리에 앉은 박정양의 부름을 받고 오랜만에 한양에 올라갔다.

"오, 이 공. 그동안 어떻게 지냈소?"

"염려 덕분에 잘 지냈습니다. 그런데 무슨 일로 절 부르셨습니까?"

"다름이 아니라 자네에게 벼슬자리를 하나 주려고. 친군영의 문안 자리인데, 이 일 좀 맡아서 해주게나."

친군영은 고종이 서양의 군대 제도를 본따서 서울과 지방에 설치

한 여러 군영을 통할하던 관아이다. 박정양은 말을 이었다.

"보잘것없는 자리라네. 그러나 다른 뜻이 있어 자네를 불렀으니 그 자리를 맡아주었으면 하네.

"다른 뜻이라니오?"

"지금 조정에서는 나를 주미 공사로 보낼 채비를 하고 있는데, 내가 미국으로 떠나게 되면 자네도 함께 데리고 가고 싶어서 그렇다네. 그런데 아무런 벼슬 없는 자를 데려가겠다고 할 수 없으니 미리 방책을 세워두는 걸세."

이상재는 친군영 문안의 벼슬을 맡아 박정양 수하에서 일하게 되었다. 이때 그의 나이 서른여덟 살이었다.

갑신정변의 실패로 수구파가 정권을 장악하자 개화의 길도 막혀, 조선은 더 이상 다른 나라에 문호를 개방할 수 없었다. 하지만 미국과는 갑신정변 이전에 수호통상조약을 맺어놓았기 때문에 서로 공사를 파견하게 되었다. 이것은 조선 외교사의 첫 장이었다.

박정양은 그해 6월에 주미 공사로 정식 임명되었다. 그는 이상재를 서기관으로 임명하고 동행했다. 그러나 청나라는 조선이 단독으로 공사를 보내는 일을 방해했다. 그래서 곧바로 미국으로 출발하지 못하고, 가을이 되어서야 출발할 수 있었다.

박정양 공사 일행은 10월 2일에 배로 인천에서 출발하여 일본의 요코하마에서 배를 갈아탄 후, 다음달 11월 14일에 미국 샌프란시스

코에 도착하였다. 그리고 거기서 얼마 동안 쉬다가 다시 출발하여 그달 26일에야 워싱턴에 도착할 수 있었다.

이윽고 워싱턴에 조선 공사관이 세워지고 이국의 하늘에 조선의 국기가 걸렸다. 그리고 여기서 외교적인 업무가 처리되기 시작했다. 이듬해인 1888년 1월 17일에 미국 대통령 클리블랜드에게서 신임장을 받기로 예정되어 있었다.

그런데 문제가 발생했다. 미국에 주재하고 있던 청나라 공사가 조선 공사를 인정할 수 없다고 나선 것이다.

'조선은 우리 청나라의 간섭을 받고 있기 때문에 우리나라의 주선에 따라 미국 대통령에게 신임장을 받아야지 조선 공사 단독으로 나서면 안 된다.'

갑신정변 당시 청나라 군대가 들어와 어려운 상황을 수습하고 민씨 정권을 복위시켰다. 그때부터 청나라 정부는 조선 조정의 일 하나하나를 간섭했다. 그런데 그 영향력을 미국에서까지 행사하려고 한 것이다. 머나먼 미국에서까지 청나라의 손안에 있어야 한다는 것은 참을 수 없는 일이었다.

"여보게 이 공, 이 일을 어쩌면 좋겠는가?"

박정양은 이상재에게 근심스럽게 물었다.

"공사님, 염려하지 마십시오. 제가 한번 처리해보겠습니다."

이상재는 곧바로 청나라 공사를 찾아갔다.

청나라 공사는 이상재를 위아래로 훑어보았다. 옷차림만 봐도 조선 사람인 것을 한눈에 알 수 있을 터인데, 짐짓 모르는 척하며 거만한 자세로 물었다.

"어디에서 왔습니까?"

"조선 공사관에서 왔습니다."

"그럼 당신이 박정양 공사입니까?"

"아닙니다. 나는 서기관인 이상재입니다."

"일이 있으면 공사가 직접 찾아와야지, 어째서 서기관이 날 찾아온 것입니까?"

"우리 공사님은 몸이 불편하셔서 제가 대신 왔습니다. 하지만 우리의 입장을 전달하는 일이야 누가 오더라도 마찬가지 아닙니까?"

이상재는 한마디도 밀리지 않고 강하게, 그러나 겸손한 목소리로 말했다. 청나라 공사도 당당한 이상재의 말에 조금 기세가 누그러진 듯했다.

"험험, 그래 그 입장이란 게 뭐요?"

"결론부터 물어봅시다. 우리 조선이 독립국입니까, 당신네 속국입니까?"

청나라 공사는 마음이 불편해졌다. 그러나 거짓을 말할 수는 없는 노릇이었다.

"독립국이지요."

"그렇다면 더 말할 게 없겠군요. 우리 조선은 엄연한 독립국으로서 미국과 외교를 하려고 여기 공사관을 세웠는데, 어째서 청나라 공사가 그 일을 중재한다며 끼어들려고 합니까? 그런 식으로 행동한다면 체면을 깎이는 쪽은 청나라일 것입니다."

"체면이라니, 무슨 말을 그렇게 합니까?"

"우린 엄연히 독립국으로서 행할 권리가 있습니다. 그러니 이제 우리 일에는 간섭하지 말았으면 합니다. 자 그럼 난 볼일을 다 봤으니 이만 가보겠습니다."

"아니, 저런!"

청나라 공사는 분하게 여겼지만 신임장에 관해서는 더 이상 말을 꺼내지 못했다. 이상재의 말이 옳았던 데다 그의 기개와 언변에 압도당했기 때문이다. 이런 일이 있은 후에 박정양은 이상재를 더욱 신임하게 되었고, 외교 문제의 상당 부분을 이상재에게 맡겼다.

이상재는 틈만 나면 워싱턴 거리를 둘러보았다. 미국의 거리는 일본과는 비교할 수가 없었다. 신사유람단으로 일본에 갔을 때도 깜짝 놀랐는데, 이곳은 일본과 비교할 수 없는 별천지였다. 그만큼 발전해 있었다.

'어허, 우리 조선은 정말 우물 안의 개구리였구나. 다른 나라들이 이처럼 발전하고 있을 때 도대체 우리는 무엇을 했단 말인가.'

그렇더라도 그는 조선인의 자부심과 체통을 잃지 않기 위해 도포를 입고 상투를 틀고 갓을 썼으며 나막신을 신고 다녔다. 당시 여러 나라의 주미 공사들과 직원들은 모두 미국인들처럼 양복을 입고 다녔지만 이상재만은 조선의 전통 복장을 고집하고 다닌 것이다.

그러다보니 이상재가 지나갈 때마다 어린아이들은 신기한 구경거리라도 생긴 듯 몰려들곤 했다.

"어느 나라 사람일까?"

"정말 재미있는 차림이야."

"우헤헤헤, 배꼽 빠지겠다."

짓궂은 아이들은 이상재에게 달려와 도포 자락을 들춰보는가 하면, 옷자락을 잡고 늘어지면서 깔깔대는 아이들도 했다. 그래도 그는 천연덕스럽게 웃기만 했다.

그는 간혹 연회석에 초청을 받아 가더라도 절대로 포크를 사용하는 법이 없었고, 젓가락을 가지고 다니면서 어디서든 젓가락을 꺼내 음식을 집어먹었다. 그런 모습이 모두에게 웃음거리가 되어도 그는 아랑곳하지 않았다. 이렇게 그는 자신이 조선인임을 한시도 잊은 적이 없었고, 조선 민족에 대한 긍지를 가지고 있었다.

그가 미국에서 지내는 동안 기독교와 만날 수 있었다. 우연히 교회에 관심을 갖게 되었고 몇 번 교회를 찾아가기도 했다. 그에게 이것은 신앙과의 첫 접촉이었던 셈이다.

이상재는 미국이 이처럼 눈부시게 발전하고 국민들이 그 속에서 평안하게 살 수 있는 이유가 궁금했다. 그래서 늘 미국을 관찰하고 미국인들의 삶을 눈여겨보았다. 그러다가 미국 국민들 대다수가 하나님을 믿고 있다는 것을 알았다. 그는 미국이 발전한 이유가 혹시 여기에 있나 싶어 교회에 가보기로 했다. 주일 예배에도 참석했다.

그러나 그가 처음 교회에 나갔을 때는 모든 것이 낯설었다. 예배 의식이나 설교 내용도 처음 보고 듣는 것들뿐이었다. 구원, 영생, 죄 등 그 뜻을 알 수도 있을 법한 말들인데도 전혀 이해가 되지 않았다.

'아니 사람이 착하고 바르게만 살면 되지 그 이상 무엇이 더 필요하단 말인가. 사람은 모두 죄인이라니, 도대체 이해가 안 가는군.'

이상재는 어려서부터 유교의 가르침을 받았기 때문에 삼강오륜의 정신이 그의 생각과 마음 깊이 배어 있었다. 그는 사람이 살아가는 데 가장 훌륭한 길은 유교에서 가르치는 도리를 지키는 삶이라고 생각해왔다. 그런 그에게 기독교의 교리는 이해하기도 받아들이기도 어려웠다. 그가 미국에서 지내는 동안 몇 번 교회에 가보긴 했지만 신앙에는 더 이상 흥미를 가질 수 없었다.

미국에 공사관을 세우고 공사 신임장을 받고 일한 지 얼마 되지 않아 결국 걱정했던 일이 터지고 말았다. 청나라가 고종에게, 미국에 있는 박정양 공사를 빨리 조선으로 불러들이라고 압력을 넣은 것이다. 청나라는 처음 공사를 보내는 일부터 시작해서 신임장을 받는 일 등 자기들의 힘이 미치지 못하자 화가 났던 것이나.

"박정양 공사를 속히 불러들이시오. 그렇지 않으면 조취를 취할 것이오."

중국의 압력에 못이겨 결국 고종은 박정양 공사를 불렀다. 주미 공사의 일은 서기관 이하영에게 대리로 맡기고 박정양은 이상재와 함께 빨리 귀국하라는 것이었다. 박정양은 이상재와 미국으로 건너간 지 2년 만인 1889년에 귀국하였다.

그러나 도중에 박정양은 고종으로부터 특별 지시를 받았다. 생명이 위태로우니 조선에 들어오지 말고 우선 일본에 머물러 있으라는 내용이었다. 그래서 박정양은 그대로 일본에 머물러야만 했다. 그때는 이미 박정양의 모든 관직이 박탈당한 상태였다. 청나라는 조정을 협박하여 박정양이 귀국하면 즉시 죽이라고 명령했던 것이다. 이런 상황에서 일본에 머물며 목숨을 부지할 수 있는 것만으로도 그에게

는 다행한 일이 아닐 수 없었다.

이상재는 귀국 즉시 고종을 만나 그동안 미국에서 있었던 일과 그들이 했던 일들에 대해 자세하게 보고했다.

"그동안 고생이 많았소. 그대의 공을 잊지 않으리다."

"황공하옵니다."

이상재의 이야기를 듣는 공안 고종은 눈시울이 뜨거워졌다. 한 나라의 왕이 다른 나라의 압력에 눌려 자리만 지키는 허수아비 노릇만 하는 상황에서 이상재의 보고는 국가의 위신을 세운 큰 공이 아닐 수 없었기 때문이다.

얼마 후에 고종은 다시 이상재를 불렀다.

"나는 그대에게 관직을 주어 나라 일을 보살피도록 하고 싶소. 이런 어려운 때에 그대는 정말 필요한 인물이오."

이상재는 잠시 생각하고 난 후에 대답했다.

"황공하오나 폐하, 지금은 어떤 관직도 사양하고 싶습니다."

"왜 그러오?"

"제가 모셨던 박정양 어른이 관직을 빼앗긴 채 지금도 일본에 피신 중인데 제가 어찌 벼슬길에 오르겠습니까. 그것은 도리에 어긋나는 일인 줄로 압니다. 그러니 부디 그 뜻을 거두어 주십시오."

"어허, 정말 가상한 일이로군."

고종은 이상재의 말을 듣고 감탄했다. 다른 사람들은 벼슬이라면 앞뒤 가리지 않고 나서는데 이상재는 벼슬을 준다고 해도 오히려 사양을 하는 것이다. 고종은 그의 인품에 감탄했다.

1894년에는 나라에 여러 가지 사건이 일어났다. 나라 안에서 동학농민운동이 일어났고, 정부는 갑오개혁을 시작했으며, 조선 땅에서 청나라와 일본이 전쟁을 터뜨렸다.

나라 밖에서는 청나라와 일본이 호시탐탐 조선을 넘보고 있었고, 이들 두 나라뿐 아니라 러시아도 조선으로 세력을 뻗쳐왔다. 조정에서는 대원군을 둘러싼 세력과 명성황후를 둘러싼 세력이 서로 팽팽하게 대립하여 있었고, 그에 따라 수구파와 개혁파들이 정권을 잡기 위해 계속 다투고 있었다. 그 사이에서 부패한 탐관오리들이 마치 자기 세상을 만난 듯 날뛰었으니 백성의 형편은 이루 말할 수 없을 정도였다.

견디다 못한 백성들이 일어나기 시작했다. 동학농민운동이 시작된 것이다. 동학농민운동의 발단은 전라도 고부군수 조병갑의 악행이었다. 그가 지나치게 농민들을 괴롭히며 각종 이유를 대서 돈을 갈취하자, 마침내 전봉준이 나서서 동민들과 함께 봉기를 일으킨 것이다.

동학농민운동은 농민 스스로 권리를 찾기 위해 일으킨 봉기라는 의의가 있지만, 한편 조선 땅에 외국 세력을 불러들이는 원인이 되기도 했다. 갑작스러운 농민 봉기에 당황한 조정은 청나라에 군대를 요청했다. 청나라 군대는 군대를 보내며 톈진 조약★에 의하여

★ **톈진조약** 1885년 청나라와 일본 사이에 맺은 조약. 한 나라의 군대가 조선 땅에 파병되면 다른 나라의 군대도 조선으로 보내야 한다는 내용도 있다.

일본에 군대 파견 소식을 알렸다. 그러자 청나라와 조선이 반대하는데도 일본은 4,500명이나 되는 군인을 제물포 항을 통해 조선으로 보냈다.

나라가 이처럼 혼란에 빠지자 고종은 김홍집을 중심으로 새로운 정부를 만들고 나라를 개혁하기에 이르렀다. 이것이 '갑오개혁'이다. 고종은 일본에서 돌아와 있던 박정양에게 내무대신 지위를 주고 시국을 수습하도록 했다. 얼마 후에 박정양은 김홍집의 뒤를 이어 총리대신의 지위에까지 오르게 되었다. 박정양은 잊지 않고 이상재에게 학부 참사관, 법부 참사관과 자리에서 일했다. 체제 개정 이후 신설된 학부 아문의 참의 겸 학무국장을 지냈다.

그러나 개혁을 시작해도 문제가 해결되지는 않았고 오히려 더 큰 사건이 벌어졌다. 동학농민운동이 해결된 후에도 조선 땅에 남아 있던 청나라와 일본이 조선 땅의 기득권을 두고 기어이 전쟁을 벌인 것이다. 이것이 곧 동학란 직후에 일어났던 청일전쟁이다. 두 외국이 우리나라 땅에서 우리나라를 차지하기 위해 전쟁을 벌인, 참으로 어이없는 사건이었다.

청일전쟁에서 승리한 것은 일본이었다.

오로지 정의를 위해

일본이 청일전쟁에서 승리하자 이전에 청나라가 간섭했던 것보다 더 노골적으로 내정을 간섭하기 시작했다. 이는 일본이 우리나라를 짓밟기 위한 첫 단계이기도 하였다.

동학농민운동이 한창이던 때에 이상재는 부친이 위독하다는 소식을 듣고 급히 고향으로 내려갔다. 주위 사람들의 지극한 간호에도 불구하고 그해 7월에 그의 아버지 이희택이 세상을 떠나고 말았다. 아들의 교육 문제라면 발벗고 나섰던 그는 늦게나마 관직에 오른 아들을 보면서 눈을 감았던 것이다.

그런데 이상재가 부친의 장례를 치르는 동안 큰 봉변을 당해 하마터면 죽을 뻔했다. 전에 묏자리를 욕심내어 황당무계한 모략을 하다가 감옥살이를 했던 부자가 그 욕심을 버리지 못한 채, 이번에는 불량배들을 보내서 '만약 묏자리를 내놓지 않으면 죽이겠다'고 협박해온 것이다. 동학농민운동으로 민심이 흉흉하던 때라서 아무리 벼슬아치라 할지라도 폭도로 변한 평민의 위협을 받는 것은 그리 이상한 일은 아니었다.

"어쩔 테냐! 묘지를 내놓겠느냐, 네 목을 내놓겠느냐?"

그들의 협박에 이상재는 태연히 대답했다.

"어디 나를 죽일 테면 죽여봐라. 세상이 아무리 무법천지가 되었기로서니 한 나라의 법부 참사관을 죽이고도 너희 생명이 온전할 줄 아느냐!"

법부 참사관, 이 말을 듣고는 폭력배들이 슬금슬금 뒷걸음질하더니 도망쳐버렸다. 괘씸한 생각대로 하면 그 부자를 당장 끌어나가 엄벌에 처할 수도 있었지만 그도 불쌍한 백성이란 생각이 들어 참기로 했다. 게다가 부친상을 당한 중에 그런 자와 다툴 수는 없었다.

청일전쟁 후에 커진 일본의 세력은 황제를 넘어서 이제는 정부 관료들에게까지 영향을 미쳤다. 이상재 역시 그들의 영향권 아래 있었다.

어느 날, 일본 공사인 이노우에가 외국어 학교로 공문을 보냈다. 이상재는 당시에 학부 아문의 일을 하면서 외국어 학교의 교장도 맡고 있었다.

'이제부터 외국어 학교의 교사를 모두 일본인으로 바꾸도록 하라.'

이상재는 즉시 일본 공사관으로 달려갔다. 마음 같아서는 당장 공문을 그 앞에 당장 집어던지고 싶었다. 그러나 그렇게 해서 문제가 해결되지 않는다는 것을 그는 잘 알고 있었다.

이상재는 마음을 가다듬고 차분하게 이야기를 시작했다.

"나는 외국어 학교의 교장 이상재입니다."

"아, 그래요. 나는 이노우에입니다. 그런데 무슨 일로 왔나요?"

"공문 때문입니다."

"공문에 무슨 문제라도 있나요?"

"우리 조선은 일본이 아닙니다. 그런데 외국인 학교를 일본인 교사들로만 채우라니, 무슨 까닭으로 이런 공문을 보낸 것입니까?"

"외국인 학교니까 당연히 모든 교사들도 외국인이어야 하지 않습니까."

"우리 조선에 입장에서 외국이 당신네 일본밖에 없습니까? 우리가 외국인 학교를 세워 운영하는 것은 여러 나라의 문화와 문물을 배우고 익히기 위해서입니다. 그런데 일본인 교사만 쓰라는 것은 일본의 문물만 배우라는 말과 마찬가지이지요. 당신이 보낸 공문의 뜻은 알겠으나 우리 학교의 목적과는 맞지 않는군요."

"그래서 어떻게 하겠다는 건가요?"

"이 공문을 되돌려주려고 왔습니다. 자, 받으십시오. 그럼 난 갑니다."

그는 문제의 공문서를 일본 공사 앞에 탁 소리를 내면서 내려놓고는 그 자리를 떠났다. 일본 공사는 이상재가 기가 죽어서 부탁을 하거나 자기 비위를 맞추려고 할 줄 알았다. 일본의 힘은 이미 조선 조정을 흔들고도 남았기 때문이다. 그런데 이상재는 꼿꼿한 자세로 찾아와서 할 말을 당당하게 하고는 가버렸다. 그의 기백과 말재주는 참으로 놀라운 것이었다.

이렇듯 일본이 조선에서 활개를 치고 다니자, 명성황후는 일본을 견제하기 위해 러시아의 힘을 빌리려 했다. 그것을 못마땅하게 여기던 일본은 기어이 끔찍한 만행을 저지르고 말았다.

1895년 8월 20일, 고종의 비였던 명성황후가 일본인 자객들의 손에 무참히 살해당하고 시신까지 불타는 사건이 일어났다. 일본은 한 나라의 왕비를 죽여서까지 러시아의 힘을 꺾으려 한 것이다.

'아, 우리의 국운이 정말 풍전등화*구나. 내가 처음 일본에 갔을 때 걱정했던 대로 흘러가고 있다니. 하지만 그걸 막기에는 이미 늦었으니 이를 어찌한단 말인가!'

이상재는 명성왕후의 죽음 앞에서 분노했으나 그 상황을 개선할 만한 힘이 없었다. 조선 왕조도 관리도 백성도, 외세의 거센 바람 앞에서는 다 무능력했다.

명성황후가 살해당하자 박정양이 이에 대해 책임지고서 관직에서 물러났다. 이와 때를 같이해서 친 러시아파 사람들은 고종의 안전을 지켜야 한다는 이름하에 고종에게 러시아 공관으로 옮기도록 했다. '아관파천'이란 사건이다.

명성황후가 시해된 후, 고종은 러시아 공사관에 몸을 피해 있으면

---

* 풍전등화 '바람 앞의 등불'이라는 뜻으로, 매우 위태로운 처지나 오래 견디지 못할 상태를 비유적으로 이르는 말이다.

서도 극도의 공포감으로 잠을 이루지 못했다.

"내 목숨도 얼마 안 남은 것 같소. 이를 어찌해야 하오."

"폐하, 안심하십시오. 밖을 단단히 경계하고 있습니다."

그는 뜬눈으로 밤을 새우면서 누가 음식에다 독약을 탔을까 걱정하며 식음까지 전폐하였다. 고종의 몸은 극도로 쇠약해졌다. 이때 언더우드, 아펜젤러, 게일 선교사 등은 번갈아가며 그의 침실을 지켜주었다. 음식은 선교사 부인들이 손수 만들어주었다. 그렇게 하지 않고서는 고종을 안심시킬 수가 없었기 때문이었다.

이상재는 박정양이 관직을 그만둘 때 자기도 떠나려 했으나 고종이 말렸기 때문에 그대로 법부 참사관과 학교장 직을 수행했다.

그해 겨울 어느 날이었다. 이상재는 맡고 있는 관직의 일들 때문에 러시아 공사관에 고종을 알현하러 가는 때가 많았는데, 이날도 마찬가지로 일 때문에 고종을 찾아가던 참이었다. 그가 막 국왕의 거처로 들어서자, 간신으로 소문이 나 있던 김홍륙과 강석호가 고종 앞에서 보자기를 풀다가 이상재를 보더니 깜짝 놀라면서 일어서는 것이다.

이상재는 낌새가 수상하다는 것을 눈치 채고는, 슬그머니 물었다.

"그게 뭐요?"

"아, 이거 말입니까? 그냥 폐하께 보여드리려고…."

두 사람은 금세 안색이 변하면서 우물쭈물하였다.

"날이 추우니까 폐하의 거처를 따뜻하게 하려고 땔감을 가져왔구려. 정말 좋은 생각입니다. 그걸 이리 주시오."

이상재의 손이 쏜살같이 보자기를 덮치더니 그것을 집어 훨훨 타고 있는 난로 안에다 던져버렸다. 불에 활활 타는 보자기를 보더니 김홍륙과 강석호의 낯빛이 변했다.

"아니, 이럴 수가."

"당신들 덕분에 조금이나마 땔감 걱정을 덜었으니 이 얼마나 다행이오."

당시 나라가 큰 위기에 빠져 있는데도 벼슬아치들은 여전히 정신을 차리지 못했다. 그들은 국왕이 러시아 공관으로 옮기자 이런 어수선한 틈을 타서 벼슬을 돈으로 사고파는 매관매직을 했다. 김홍륙과 강석호가 고종에게 가져왔던 그 보자기 속에는 매관매직을 위한 문서들이 있었다. 이상재는 예리한 시선으로 이를 직감하고 난로 속에 던져 태워버린 것이다.

너무나 태연하게 그들을 비웃는 이상재의 행동에 그 두 사람은 어찌할 바 모르고 서 있다가 도망치듯이 그곳에서 나가고 말았다. 이상재는 그제야 고종 앞에 무릎을 꿇고 엎드려 대성통곡 했다.

"폐하, 저의 불충을 용서해주십시오. 저는 백 번 죽어 마땅할 놈입니다."

고종은 이런 이상재의 모습을 한동안 물끄러미 바라보더니, 이내 붉어진 눈시울로 대꾸하였다.

"자, 일어나시오. 나 역시 그 보자기 안에 무엇이 들었는지 알아차렸다오. 당신 같은 충신을 곁에 두고 있는 것만으로도 정말 기쁘기 한량없소."

"황공하옵니다, 폐하! 국왕은 명철하신데 우리 대신들이 올바르게 돕지 못하여 나라꼴이 이 지경까지 되었습니다."

그는 성격이 대쪽처럼 강직하여 조금도 불의와 타협할 줄 몰랐다. 이런 성격 때문에 이상재는 국왕과도 한 차례 맞선 적이 있었다. 전운사를 복구하느냐 마느냐에 대한 것이었다.

전운사는 전국에서 세금으로 받은 쌀과 보리 등 곡식들을 중앙으로 운반하는 일을 맡은 관청이다. 그런데 전운사 중간 관리들의 극심한 부정부패 때문에 갑오개혁 때 폐지했는데, 전운사를 다시 복구시켜야 한다는 부류들이 생겼다. 고종까지도 여기에 찬성했다.

이 무렵 이상재는 총무국 수반의 자리에 앉아 있었다. 국왕이 허락하고 승인한 일을 즉시 안팎에 알리고 이를 시행하도록 만드는 일의 책임자였던 것이다. 그런데 전운사 복구 문제는 국왕이 허락을 했는데도 그 후에 감감 무소식이었다.

"전운사의 일은 어찌 되었소?"

고종이 물었다.

"글쎄요. 아직 아무런 발표조차 없습니다."

신하들이 입을 모아 대답했다.

"내가 전운사 복구를 허락하고 승인한 지도 벌써 한 달이 넘지 않았소."

대신들은 아무 말도 할 수 없었다. 이상재는 일부러 국왕의 이번 명령을 시행하지 않고 있었던 것이다.

탁지부 대신 민종묵은 즉시 이상재를 찾아가서 물었다.

"전운사 문제는 어찌된 일입니까?"

그러자 이상재는 대답하였다.

"안 그래도 관리들의 정신이 썩어 있는데 온갖 부패의 뿌리가 된

관청까지 복귀시켜 놓으면 나라꼴이 어찌 되겠소?"

"그렇지만 이건 벌써 국왕이 내린 명령 아닙니까?"

"아무리 국왕의 명령이라고 해도 나라를 망치는 길인 것을 뻔히 아는데 어떻게 시행합니까?"

"어허, 지금 국왕은 이 일 때문에 대단히 노하셨습니다. 게다가 국왕에 대해 반발하는 것은…."

"압니다. 내 목숨이 위태로워진다는 것도 알고 있습니다. 하지만 백성 전체가 죽는 것보다 나 한 사람이 죽는 것이 더 낫지 않겠습니까?"

"이거 큰일이군."

이상재의 말을 민종묵에게서 전해들은 고종은 펄쩍 뛰었다.

"이런 고약한 사람 같으니! 감히 국왕의 명을 거역하다니."

고종은 크게 화를 냈다. 왕의 세력이 점점 약해지는 것을 잘 알고 있던 터라, 아끼던 신하가 자신에게 반기를 들고 반항했다고 하자 더 화가 났던 것이다. 그러다 고종은 이내 마음을 돌이켰다.

'평소에 나를 아끼고 나라 일을 걱정하던 그의 품위가 어디 가겠는가. 그런데 일시적인 감정으로 내가 그에게 벌을 내린다면 그 결과가 어떨지는 뻔하다. 비록 국왕이더라도 차라리 내가 뜻을 바꾸는 편이 낫지 않겠는가.'

그리하여 고종은 사람을 보내어 이상재에게 전운사 복구 계획을 완전히 취소한다는 소식을 전했다.

"하마터면 큰일 날 뻔했는데 얼마나 다행입니까."

주변에서 이상재를 걱정하던 사람들이 말했다. 그러나 이상재는 너무나 태연하게 반응했다.

"이번 일은 그 유익이 내게로 돌아오는 것이 아니라 국왕 자신과 이 나라의 백성에게로 돌아가는 것이지요."

이상재는 자기가 한번 옳다고 여긴 일은 국왕의 명령일지라도 자기 목숨까지 내걸고 반대하는 그런 강직한 사람이었다. 그러니 어찌 사람들이 그를 두려워하지 않았겠는가.

이용익에게 평남 감찰과 개성 참정관 직책을 겸하라는 칙령이 내려졌을 때에도 이상재는 국왕을 찾아가 그 부당함을 말했다.

"폐하, 평양과 개성의 거리는 400리가 넘는데, 이용익이 축지법이라도 배워 그 사이를 훌쩍훌쩍 날아다닐 수 있겠습니까? 한 사람이 그처럼 먼 거리의 두 지역을 한꺼번에 다스리기는 어려운 줄 압니다."

"듣고보니 그도 그렇군. 그럼 이용익에게서 평남 감찰 직위는 맡지 마라 하리다."

독립협회 활동

1895년 말에 그동안 미국에서 지내던 서재필이 조국으로 돌아왔다. 때를 같이 하여 국내에서는 민족정신을 높이기 위한 운동이 본격적으로 싹트고 있었다. 이전에는 강대국들 틈바구니에서 시달리고 있는 나라의 운명을 걱정하는 사람은 많았으나 구체적인 대응책이 없었는데, 이때를 계기로 민족운동을 펼치려는 활발한 움직임이 시작된 것이다.

서재필은 이상재보다 나이가 열세 살이나 아래였는데, 1884년 갑신정변 때에 주동인물 중 하나로 활동하다가 실패하고는 김옥균, 박영효 등과 함께 일본으로 망명했다. 그 후에 홀로 미국으로 건너가서 밑바닥 생활부터 시작했다. 신문배달부 노릇을 하면서 중학교 과정부터 시작하여 조지 워싱턴 대학까지 마친 후, 우리나라 사람으로서는 처음으로 의학박사가 되었다.

하지만 그가 미국에서 얻은 정말 중요한 것은 학문이 아니라 민족주의 정신이었다. 그는 미국으로 망명한 지 11년 만에, 위기에 빠진 조국을 구하고 민족의식을 고취시켜야겠다는 굳은 포부를 가지고 조국으로 돌아온 것이다.

이상재가 서재필을 만난 것은 '정동구락부'라는 모임에서였다. 정동구락부는 서울 정동에 있던 모임으로 주한 외교관과 조선 고관들의 친목을 위한 모임이었다. 그러나 친목을 목적으로 한다는 것은 겉으로 보이는 모습이었고, 실제로는 외국인이나 조선인 할 것 없이 조선의 앞날을 걱정하며 앞길을 모색하는 모임이었다.

정동구락부는 언더우드, 아펜젤러 같은 미국의 선교사들과 각국 외교관들, 즉 조선 정부의 재정 고문으로 와 있던 영국인 브라운, 군사 고문으로 와 있던 미국인 다이, 그리고 프랑스 영사인 플랑시 등이 중심 세력을 이루고 있었다. 조선인으로서는 일찍이 외국을 다녀온 사람들도 많이 참여했는데 민영환, 이완용, 윤치호, 이상재 등이었다.

이상재가 이곳에서 서재필을 만나기 시작한 그때부터 민족운동이 태동되었다. 그러니까 어떻게 보면 정동구락부는 민족운동의 모태 역할을 한 것이었다.

이상재는 또 여기서 중요한 사람을 만나게 되는데 바로 윤치호이다. 윤치호도 갑신정변 때 조선을 떠나 중국으로 망명했다. 그는 상하이에서 중서학원이라는 미국 감리교단이 경영하는 학교를 나온 뒤, 다시 미국으로 건너가서 밴더빌트 대학교와 에모리 대학교에서 5년 동안 영문학과 신학 등을 공부했다. 그러다가 그도 11년 만에 귀국하여 정동구락부에 발을 들여놓은 것이었다.

서재필과 윤치호 두 사람이 이 모임에 참여하고부터 정동구락부가 주목을 받게 되었다. 다른 조선인 회원들은 외국을 다녀왔다 하더라도 잠깐씩 머물다 돌아왔기 때문에 외국어도 서툴고 외국에 대한 지식도 부족했다. 하지만 두 사람은 유창하게 영어로 대화를 할 수 있었고 사교성도 좋아 두드러진 존재였다.

어느 날 이상재는 그 두 사람과 함께 자리한 데서 다음과 같이 말했다.

"우리가 여기서 이렇게 만나 자리를 함께하게 된 것은 정말 하늘이 준 기회라고 생각합니다."

서재필과 윤치호도 호응을 했다.

"나도 그렇게 믿습니다. 오랫동안 외국에서 지내면서도 조국의 앞날을 걱정하지 않은 날이 하루도 없었는데, 조국에 돌아와서 이렇게 뜻이 맞는 동지들을 만났으니 얼마나 다행입니까."

"조선이 앞으로 어떻게 될지는 눈앞에 불을 보듯 너무나 뻔합니다. 봇물 터지듯 밀려들어 오는 일본의 세력을 막을 길이 없어요."

"명성황후가 시해된 후 우리나라 형편은 더욱 어려워졌지요."

"맞습니다. 일본 놈들이 우리나라 내궁까지 짓밟고 있으니…."

"이런 판국에도 벼슬아치들은 정신을 못 차리고 백성들의 고혈을 빨아대는 일에만 혈안이 되어 있으니, 휴."

"백성들의 마음까지도 암담한 상태지요."

그들은 현재 나라의 상태를 걱정하며 한숨을 쉬었다. 그러나 마냥 걱정만 하지는 않았다. 앞으로 어떻게 해야 할지 서로 생각과 마음을 나누었다.

"지금 무엇보다 걱정되는 것은, 이런 형편인데도 우리 민족이 앞으로 어떻게 해야 할지가 전혀 보이지 않는다는 것입니다."

이상재가 말하자 곧바로 서재필이 답했다.

"바로 잘 지적하셨습니다. 그래서 나는 커다란 뜻을 품고 귀국했습니다."

"그 뜻이 뭡니까?"

"우리 민족의 길은 우리 스스로가 만들어야 한다는 것이지요."

"맞습니다."

"그러니까 우리 몇 사람부터라도 힘을 모아 민족정신과 독립정신을 높일 수 있는 기구를 만들어 움직여야 할 것입니다. 그러면 우리 민족의 앞길도 조금씩 조금씩 밝아지겠지요. 저는 그럴 것이라고 믿습니다!"

함께 민족정신과 독립정신을 높이고 널리 퍼뜨릴 수 있는 기구를 만들자고 제안한 사람은 서재필이었다. 이상재는 그의 말에 전적으로 찬동하고 나섰다.

"나도 전적으로 찬성합니다. 나라의 앞날이 캄캄한 이런 때 그냥 앉아 있을 수만은 없습니다. 우리부터라도 하루빨리 나섭시다."

"그럽시다. 나라를 구할 길은 이 길밖에 없습니다."

이상재와 서재필 그리고 윤치호는 손을 굳게 잡고 결심했다.

세 사람은 뜻을 모아 1896년 7월 '독립협회'를 조직했다. 독립협회는 민족의 선두에 서서 민족정신과 독립정신을 높이고 키우자는 의도에서 만들어진 모임이었다.

독립협회는 이상재와 서재필, 윤치호가 주동이 되어 만들어진 모임이었지만, 남궁억과 이승만도 처음부터 뜻을 같이하여 함께 참여했다. 이상재는 기울어져가는 나라를 다시 일으키려고 뜻을 모은 동지들과 함께 독립협회 활동에 온몸과 마음을 기울였다.

독립협회는 첫 사업으로 서대문 밖에 있는 영은문을 헐고 그 자리에 '독립문'을 세웠고, 모화관을 개조하여 '독립관'이라 새로 이름 붙였다. 영은문은 청나라 사신들을 맞이하던 문이고, 모화관은 커다란 잔치를 열어 그들을 대접했던 곳이다. 영은문과 모화관 모두 사대주의의 상징적인 건물들이었다. 영은문은 은혜로운 분들을 영접하는 문이라는 의미였고, 모화관은 중화, 곧 중국을 사모하는 것이란 의미를 가지고 있었으니 어찌 그렇지 않았겠는가. 그래서 독립협회 회원들은 그런 것들부터 하나하나 정리해갔다.

독립협회의 사업 중에서도 무엇보다도 손꼽히는 것은 〈독립신문〉을 창간, 발간한 일이었다. 1883년에 우리나라 최초 신문인 〈한성순보〉가 창간되었지만 한문으로 기사를 쓴 데다, 정부기관지여서 대중적인 신문이라고 말할 수 없었다. 하지만 〈독립신문〉은 한글로 기사를 썼으며 민중을 위한 신문이었다.

〈독립신문〉은 민중을 일깨워 민족정신과 독립정신을 높이는 역할

THE INDEPENDEN
문신 립독

에 큰 의의가 있었다. 다시 말하면 독립신문은 조선 백성의 정신을 깨워서 하나로 뭉치게 했다.

> 우리는 폐하와 정부와 백성을 위하는 사람들이기 때문에 편당이 되는 말이나 우리 신문에 한쪽만 두둔하는 말은 절대로 싣지 않을 것이다.

창간사에 실린 이 문구는 독립신문의 취지를 충분히 알려주었다.

〈독립신문〉이 창간되자 사회의 반응은 대단했다. 그때 조선을 둘러보고 돌아간 영국의 이사벨 비숍 여사는《조선과 그 이웃 나라들》이라는 그녀의 저서에서 이렇게 말했다.

> 〈독립신문〉이 나오기 시작하자 조선 국민들은 미몽에서 깨어나 관리들의 악정과 부당한 재판을 맹렬히 비난했다. 신문을 통해 이런 일들이 여론으로 형성되기 시작했다. 이 신문은 부정부패의 죄악상을 만천하에 폭로하여 사회의 규탄을 받게 했다. 이 신문은 합리적인 교육과 정당한 개혁을 촉진해 인간 개발에 도움을 주는 일에 더욱 주력하였다.

〈독립신문〉의 역할이 이처럼 지대한 영향을 미치게 되자, 한편에서 부정을 일삼는 부패한 관리들이 비난을 퍼부었다.

"정부 일을 비판하다니, 그게 역적의 일이 아니고 뭐람."

"순전히 국문으로만 신문을 만드니 이것도 나라 망신이지."

"좌우간 그런 신문은 없애야 해."

그러나 더욱 안타까운 것은, 정부가 무능과 무력에 너무 깊이 빠져 있었기 때문에 신문이 아무리 주위를 환기시켜도 좀처럼 변화의 기색이 보이지 않는다는 것이었다. 그래서 양식이 있는 사람들은 말할 것 없고 심지어 정동구락부 사람들까지도 정부의 태도와 일에 대해 한탄했다.

이상재는 조선으로 돌아온 후에는 미국에서 잠시나마 들렀던 교회에 대해 까마득히 잊고 있었다. 그러다가 또다시 기독교와 만날 기회가 생겼다.

이상재와 정동구락부, 독립협회를 함께하던 서재필은 독실한 기독교인이었다. 그는 이상재에게 신앙을 가지도록 권했다.

"우리가 조국을 위해 일하는 것도 중요하지만 참으로 중요한 일에 대해 미처 이야기하지 못한 것이 있습니다."

"중요한 일이라고요? 지금 나라를 위한 것보다 더 중요한 일도 있습니까?"

"사람은 누구나 천국의 소망을 가지고 살아야 하는 법이니까요."

"아, 기독교신앙에 관한 이야기군요."

"그렇습니다. 나는 미국에 있을 때 하나님을 믿기 시작했는데, 신앙생활이 어떤 애국운동보다도 중요하다는 것을 느꼈지요. 그러니 이 선생님도 하나님을 믿으십시오."

"나도 하나님을 믿는 것이 좋은 일인 줄은 알고 있습니다. 지금 우리나라에 와서 일하고 있는 선교사들만 해도 얼마나 고마운 사업을 많이 하고 있습니까. 그러나…."

잠시 말끝을 흐린 이상재가 서재필에게 진지하게 물었다.

"나는 어렸을 적부터 유교를 따르고 배워온 사람입니다. 그런데 어떻게 두 종교를 한꺼번에 가질 수 있겠습니까?"

"유교에는 살아 있는 신이 없으나 기독교가 가르치고 있는 하나님은 살아 계신 분입니다."

"글쎄요. 솔직히 나는 사람이 살아가는 데에는 유교의 가르침만으로도 충분하다고 생각합니다."

"그건 아직 모르시는 말씀입니다. 우리가 나라를 일으키는 일만 해도 유교로는 가능하지 않습니다. 조선이 제대로 발전하려면 서양 문명과 함께 기독교를 받아들여야 합니다. 오늘의 미국만 봐도 분명히 알 수 있는 일 아닙니까?"

"옳은 말이긴 하지만, 어쨌든 지금으로선 내키지 않는군요."

"알겠습니다. 언젠가는 이 선생님도 하나님을 믿을 때가 올 것입니다."

이상재는 이때 기독교에 대해 교양과 상식적인 지식 정도는 가지고 있었으나 더 이상의 관심을 갖고 싶은 생각은 없었다.

한편 독립협회는 처음 조직될 당시에는 몇 사람의 회원 밖에 없었지만 그해 말이 되자 회원이 2천 명 이상으로 늘어났다. 민족운동이 그만큼 백성들의 호응을 얻고 있었고 관심이 많다는 증거였다.

그러나 안타깝게도 이 무렵부터 독립협회는 정부와 마찰을 빚기 시작했다. 정부가 독립협회의 활동 목적을 오해하여 서서히 비난의 화살을 쏘아대기 시작한 것이다.

정부는 백성의 평안과 번영을 위해 법을 만들고 이를 시행하여 백성이 즐겁게 따르도록 해야 할 의무가 있다. 그러나 현실은 그렇지 못했다. 토지세 하나만 보아도 잘 알 수 있었다. 누가 손바닥만한 땅이라도 개간해서 밭이나 논으로 만들라치면 거기에 엄청난 세금을 매기고는 거두어갔다. 그러니 백성이 어떻게 그런 일을 견뎌낼 수 있었겠는가.

사실 그런 폐단은 한두 가지가 아니었다. 그래서 〈독립신문〉은 그런 폐단이 생길 때마다 정부를 향해 이를 고쳐야 한다고 목소리를 높이곤 했다. 바로 이것이 문제였다. 〈독립신문〉이 이런 목소리를 높일 때마다 정부는 그것을 비난으로 받아들였다.

어느 날 고종은 관직에서 일하는 한 대신을 불러서 물었다.

"독립협회 사람들이 하는 일은 무엇인가?"

"민족정신과 독립정신을 높인다고 합니다."

"도대체 독립이라는 말부터가 나는 이해하기 어렵구려. 독립은 또 무슨 말이오?"

"글자 뜻만 따르면 홀로서기지요."

"그런 말은 처음 듣는구려. 사서삼경에도 없는 말이고."

"말 뜻은 별 문제가 되지 않습니다. 다만 홀로 선다고 하며 정부가 하는 일을 비판하고 대항하고 있으니, 그것이 더욱 걱정이 됩니다."

"그게 무슨 말이오. 정부에 대항하다니, 그럼 그건 반란 아닌가!"

독립이란 말은 새로 등장한 말이었기 때문에 의미를 오해하기 쉬웠다. 게다가 정부는 〈독립신문〉의 주장을 비난으로만 받아들였으니 오해의 소지가 더욱 커질 수밖에 없었다.

1987년에 고종이 러시아 공관에서 덕수궁으로 환궁한 후였고, 그 해 8월 17일에 국호를 '대한제국'이라고 제정하였다. 그리고 국왕의 칭호도 '황제'라고 하고, 같은 해 10월 12일에는 고종의 황제의 즉위식까지 거행하였다. 잦은 외세의 침략으로 왕권까지 위협을 받자, 이것을 계기로 조선은 자주국가에 대한 중요성을 깨닫기 시작했다. 대한제국도 그런 이유에서 제정한 나라 이름이었다.

그러나 이름을 바꾸고 정부 체제를 새로 정비하는 것으로는 충분하지 않았다. 오랜 외세의 간섭으로 정부는 나라를 돌보는 능력이 약해졌고, 관리들 역시 자기 신념에 따라 제각각이었다. 그러다보니 실제로 독립국가를 향한 노력은 그리 효과적이지 못했다.

그러다가 독립협회가 정부와 맞서는 상황이 발생하였다. 정부가 우유부단한 시책을 펴는 바람에, 이 틈을 타고 러시아가 조선의 군사권과 재정권을 간섭하려 하였다. 독립협회는 이 일에 대해 정식으로 항의하고 나섰다.

나라를 위기에서 건지고자

당시 열강들은 이제 막 문호를 개방한 한반도에서 서로 이권을 차지하려고 치열한 쟁탈전을 벌였다. 철도 부설권, 광산 채굴권, 삼림 채벌권, 전차 가설권, 토지 개간권 등을 둘러싸고 서로 먼저 차지하려고 아웅다웅 했다.

이때 러시아는 정도를 넘어선 욕심을 드러내다가, 급기야는 절영도를 극동 함대의 석탄 공급 장소로 만들겠다는 요청을 정식 문서로 보내왔다. 이것이 불씨가 되었다. 이를 탐지한 〈독립신문〉은 붓을 들어 유약한 정부는 물론 침략의 욕심을 노골적으로 드러낸 러시아를 신랄하게 공격했다. 당시 러시아 공사인 스페르는 러시아 황제에게 일종의 규탄 보고문을 보냈다.

우리의 요구에 대하여 아직 조선의 정식 승낙도 받기 전에 독립협

> 회라는 불순한 단체가 적극 반대하고 나섰습니다. 이런 형편이라면 조선 정부가 승낙을 늦출 건 뻔한 일입니다. 그러니 황제께서는 조선 정부에 대해 압력을 가해주십시오. 그리고 독립협회라는 불순한 단체의 활동도 제재할 수 있도록 아울러 당부하는 바입니다.

러시아 황제는 즉시 고종에게 압력을 넣었다. 만약 자기들의 요청이 받아들여지지 않으면 매우 유감스러운 일이 벌어질 것이라는 협박 전문을 보낸 것이다. 그리고 24시간 안으로 어떻게 할 것인지 답을 속히 보내라는 요구까지 덧붙였다.

사태가 이처럼 험악해지자 독립협회 회원들은 서둘러 대책을 논의했다.

"이 일을 어찌해야 하겠습니까?"

"상황이 아무리 어렵다고 하더라도 지금 우리가 여기서 주저앉으면 아무 일도 안 됩니다."

"맞습니다. 우리는 이런 때일수록 더욱 우리 주장을 강하게 밝히며 밀고 나아가야 합니다. 그래야 우리나라 정부도 궁지에서 벗어날 수 있습니다."

"그렇다면 우리가 어떤 방법으로 우리 주장을 알려야 할까요?"

이때 이상재가 나섰다.

"내가 먼저 정부에 상소문을 써서 보내겠습니다. 그리고 우리의 주장을 널리 알리기 위해서는 집회를 열어 정부의 잘못과 러시아의 야욕을 동시에 비판하는 것이 좋지 않을까요."

회원들은 그의 의견에 찬성했다.

“그 방법이 가장 좋을 것 같습니다.”

“나도 동감입니다.”

“그럼 이 선생님은 어서 상소문을 쓰고, 우리는 군중집회를 계획하도록 합시다.”

이상재는 즉시 상소문을 쓰기 시작하였다. 약한 정부의 주체성을 지적하는 것을 주요 내용으로 했다.

> 만약 정부가 외국의 요청이 있을 때마다 다 들어준다면 외국인들은 그다음에는 더 무리한 요청을 해올 것입니다. 그러다보면 우리 정부는 그들의 압력에서 벗어나지 못할 것입니다. 이런 식으로 계속된다면 우리 조국은 500년 역사로 끝날 것이고 삼천리 금수강산도 종말을 맞고 말 것입니다.
>
> 이런 주장은 절대로 나 한 사람이나 우리 협회의 주장만이 아닙니다. 하늘을 머리에 받들고 이 땅을 밟고 있는 백성들이라면 같은 마음일 것이라고 생각합니다. 그런데도 불구하고 오늘까지 정부는 강대국의 압력이 무서워 그들의 요청들을 우물쭈물 허락해오고 말았으니 이 얼마나 애석한 일입니까.
>
> 그러면서도 정부는 그런 일을 지적당하면 책임을 전가하기에 바빴고, 그런 일은 다 나라의 안위를 위한 것이었다고 변명만 해왔습니다. 어떤 때는 애국적인 충고를 반정부 행동이라고 몰아붙이기도 하였습니다.
>
> 어쨌든 지금 상황에서는 외국 열강들이 우리나라의 일에 간섭할 수 없도록 하는 일이 가장 급하다고 생각됩니다. 저들이 우리를 능

멸하는 동안은 절대로 압력을 피할 수 없기 때문입니다. 그렇기에 정부는 이제라도 스스로를 돌아보고 반성하여 나라의 주체성을 세우는 일에 전력해야 할 것입니다.

이상재는 이런 내용의 글을 써서 상소를 올렸다.

한편 독립협회는 1897년 3월 10일에 종로에서 수천 명의 회원과 시민들이 모인 대규모 군중집회를 열었다. 이것을 시작으로 그 후에 여러 차례 같은 집회를 열어, 정부는 물론 백성 전체가 깨어 눈을 뜰 것을 촉구하였다. 이 집회를 '만민공동회'라고 불렀다.

만민공동회는 종로 네거리 광장에서 열렸다. 이날 광장에서는 '대한 독립'이라고 쓰인 수백 개의 깃발이 휘날렸고, 높직하게 만든 상단에는 뜻을 같이 하는 몇몇 고위 관리들도 참여하였다. 또한 여러 사회단체를 비롯해 학생, 일반 시민, 상인, 공인 등 수천 명의 관중이 모여들었다. 심지어 백정 같은 천민 계급의 사람들도 많았다.

이상재는 군중집회가 열릴 때마다 사회를 맡아서 집회의 목적대로 성과가 잘 나타나도록 온 정성을 쏟곤 했는데, 특히 만민공동회 때는 더욱 그랬다.

집회가 시작되자, 그때 독립협회 회장을 맡고 있던 윤치호가 단 위에 올라 먼저 열변을 토했다.

"여러분, 우리나라는 이제 국호까지도 대한제국이라고 고쳐서 부르며 세계 만방에 당당한 자주 독립국가인 것을 선포하였습니다. 그럼에도 불구하고 아직까지도 우리나라는 강대국들의 압력에 눌려 제대로 국권을 행사하지 못하고 있습니다. 게다가 안에서는 여전히 간신들이 설치면서 뇌물을 챙기고 국가의 권익을 외국에다 넘겨주기에 바쁜가 하면 아무렇지도 않게 벼슬자리를 돈으로 사고파니, 백성의 형편이 어떻겠습니까. 이런 상황에서 어떻게 해야 어려움과 절망에 빠져 있는 백성을 구하고, 위태로운 나라의 운명을 되돌려놓을 수 있겠습니까!"

연설을 듣는 군중들의 열기는 대단했다. 윤치호가 내려서자 이번에는 천민인 백정 출신의 박성춘이 단에 올라 목소리 높여 말했다.

"여러분, 나는 비록 무지하고 가장 천한 백성 가운데 하나지만 나라를 사랑하고 국왕께 충성하는 마음만은 누구 못지않다고 생각합니다. 그런데 오늘처럼 나라가 이와 같은 위기에 빠진 상황에서 어찌 가만히 있을 수 있겠습니까. 이번 기회에 온 국민이 합심하여 나라를 구하는 일에 다같이 힘을 모읍시다!"

백정 출신의 박성춘은 일찍 복음을 받아들이고 그리스도인이 되었으며, 승동교회를 세운 사람 가운데 한 사람이었다. 그동안 백정 해방을 위한 탄원서를 세 차례나 국왕에게 보내어 주위 사람들의 주목을 받기도 하던 이였다.

그의 열변이 끝나자 이번에는 사회자인 이상재가 단에 올라 미리 준비한 결의문 6개항을 큰 소리로 낭독하였다. 그러자 군중은 우레와 같은 박수로 찬성을 표시하였다.

결의문 6개항은 다음과 같다.

1. 정부는 절대로 외국에 의탁하지 말고 국권을 지킬 것
2. 대외관계의 조약은 정부의 전 요직들의 합의로만 시행할 것

3. 국가의 예산과 결산은 언제나 국민에게 발표할 것
4. 중죄자는 분명한 자백을 받고 난 후에 처벌할 것
5. 정부의 중책은 황제가 정부 요직들의 과반수 찬성을 얻어서만 임명할 것
6. 정부는 언제나 백성의 소리를 귀담아 듣고 반드시 실행해줄 것

고종 황제는 처음 이 결의문을 받았을 때는 좋게 생각했다. 내용이 애국적이고 건설적이었기 때문이다.

그러나 이런 순조로운 상황은 하루뿐이었다. 다음날 상황은 완전히 바뀌었다. 독립협회가 러시아 규탄의 목소리를 높이자 친 러시아파 무리가 '황국협회'라는 조직을 만들어 정면으로 독립협회와 대립하고 나섰기 때문이다.

독립협회가 주최한 만민공동회가 열리고 난 다음날, 독립문 돌벽과 함께 한양 각처에 이상한 벽보가 나붙었다.

> 독립협회는 정부가 허약한 틈을 타서 500년 왕조를 뒤엎고 윤치호를 대통령으로 세우려는 공화정치를 꾀하고 있다.

독립협회가 반란의 무리라는 모함이었다. 그러나 많은 사람들이 그 내용에 속아 넘어가고 말았다.

"황제 폐하, 큰일이옵니다."

"무슨 일이오?"

"지금 독립협회가 나라를 뒤엎을 계략을 세워놓고 백성을 선동하고 있다고 하옵니다."

"이런 일이 있나. 어디서 그런 근거를 찾았소?"

이때 의정부 참정 조병식이 거리에서 뜯어 온 괴벽보 한 장을 내보였다. 사실 조병식은 괴벽보를 만들어 붙이도록 한 장본인이었다.

벽보 내용을 읽은 고종 황제는 얼굴이 새파랗게 질렸다.

"뭐, 윤치호를 대통령으로 세우겠다고?"

"그렇습니다."

"그럼 어제 군중집회란 것이 바로 그것을 위한 것이었단 말인가?"

"그런 모양입니다."

"이런 고얀 일이 있나. 여봐라, 당장 그 주동자들을 체포해서 옥에 가두어라!"

이상재를 포함하여 17명의 독립협회 회원들은 하루아침에 반역자로 몰려 감옥에 갇히는 신세가 되고 말았다.

황국협회 안에는 높은 관직에 앉아 있는 이들이 많았다. 이들은 자기들이 한 일을 매국이라고 규탄하는 독립협회를 어떻게 해서든 무너뜨리기 위해 이런 계략을 꾸민 것이다.

며칠 후 정부의 요직에 앉아 있던 심상훈이 고종을 알현하였다. 그는 예전부터 이상재의 비범한 기상을 주목하고 있던 터였다.

"황제 폐하."

"무슨 일이오?"

"이번 사건의 내막은 자세히 모르지만 이상재를 투옥해서는 안

될 것입니다."

"어떤 이유요?"

"소신은 아직까지 이상재가 정도를 벗어난 일을 하는 경우를 본 적이 없었습니다. 게다가 그의 충직한 마음은 모두가 다 인정하고 있습니다."

"나도 그 점은 인정을 하오."

"그러니 이상재만은 풀어주심이 마땅한 일인 줄 압니다. 그는 절대로 반역을 도모할 자가 아닙니다. 뭔가 오해가 있는 것 같습니다."

이상재는 투옥된 지 6일 만에 풀려났다. 이상재는 감옥에서 나오자마자 모든 관직을 벗어버리고 스스로 평민으로 돌아갔다. 홀가분한 상태에서 나라를 지켜보고 싶었다.

그러나 상황은 걷잡을 수 없는 지경에 이르렀다. 독립협회의 주요 회원들이 감옥에 갇힌 사건을 계기로 독립협회와 황국협회가 심하게 충돌하며 사태가 커져버렸기 때문이다. 당시 이승만 등이 주축이 된 독립협회와 홍종우가 주축이 된 황국협회는 서대문과 종로 등지에서 마치 전쟁을 연상시키는 싸움을 벌였다. 그러다보니 민중들도 함께 들고 일어나서 간신으로 지목받은 관리들의 집을 습격하고 파괴하기도 했다.

독립협회와 황국협회의 싸움은 나날이 치열해졌다. 그러자 고종 황제는 나라를 걱정하여 두 협회를 화해시키려고 했고, 독립협회 측을 달래기 위해 윤치호, 남궁억, 이승만 등에게 중요한 관직을 주기도 하였다.

그러나 이상재를 비롯한 독립협회 회원들 고삐를 늦추지 않았다. 이들은 황제의 배려와 무관하게 눈에 띄는 불의와 부정은 가차없이 지적하고 비판했다. 서재필이 미국으로 추방당한 것도 〈독립신문〉을 통해 정부를 강하게 공격했기 때문이었다. 황국협회의 방해와 모함도 계속되었다.

그렇더라도 독립협회 지도자들 일부가 정부의 중요한 관직에 있었다는 것은 나라를 바로 잡을 수 있는 좋은 기회이기도 했다. 그러나 안타깝게도 이들은 그 기회를 사용하지 못하고 황제의 명령에 의해 독립협회가 해산되고 말았다.

독립협회 지도자 중의 일부가 당시 역적으로 몰려 망명 중인 박영효와 서재필을 다시 불러들여 정부 관직에 등용시켜야 한다고 주장한 것이 화근이 되었다.

"황제 폐하, 역적 박영효와 서재필을 불러들여 등용시켜야 한다고 주장한 데에는 다른 목적이 있는 게 분명합니다."

"나도 석연치 않게 생각하고 있는 중이라오."

"게다가 지금 항간에는 박영효가 돌아오기만 하면 곧 대통령에 추대될 것이라는 말이 떠돌고 있다고 합니다."

"예삿일이 아니군. 분명 나를 함정에 빠트리고 몰아내려는 것이 분명하오."

결국 고종 황제는 독립협회를 해산시키라는 명령을 내리고 말았다. 때는 1898년 12월이었다.

독립협회가 해산되자 곧이어 황국협회 측 인사들이 정부를 장악하였다. 그리고 이들은 독립협회를 뿌리까지 없애려고 불량배들을 보내서 본부를 습격하고, 이런 일에 항의하는 시위 군중들을 무차별적으로 폭행했다. 대한제국 안에서 모처럼 일어나기 시작했던 민족정신 운동은 그만 좌초되어버렸고, 근대적인 민권운동 역시 실패로 돌아갔다. 조국의 운명이 위태로운 시기에 이런 가슴 아픈 불행을 겪게 된 것이다.

1896년부터 시작하여 1898년에 이르기까지 독립협회를 무대로 활동한 이상재의 활약은 가히 눈부셨다. 각종 집회와 사업, 토론회를 계획하는 일부터 시작하여 군중집회가 열릴 때마다 사회자와 강연자로 뛰는 일에 이르기까지 그의 수완은 놀라웠다.

그는 정부의 관리이면서도 정부의 잘못을 상소문이나 규탄문 등을 통해 강하게 지적하였고, 높은 고관부터 백정 같은 천민에 이르기까지 한자리에 모이게 하는 범국민적인 군중집회를 주도하여 정부를 비판하는 일도 망설이지 않았다. 이런 과격한 행동들은 정부의 비위를 거슬렀고, 그를 미워하는 자들에게는 모함거리가 되었다.

이상재는 감옥에서 풀려나면서 모든 관직을 벗어버렸다. 하지만 고종 황제는 그를 아껴서 그의 사임서를 받아놓고 거의 반년이 지나도록 보류해두었다. 이상재가 정부를 비판한 것은 사실이나 그의 사람됨을 알고 있기에 그를 떠나보내고 싶지 않았던 것이다.

서재필이 미국으로 쫓겨난 지 오래였고 윤치호도 지방으로 은둔

해버리자, 이상재는 혼자 남게 되었다. 감옥살이를 하고 많은 모함을 당하면서 관직에서까지 물러났지만, 그는 지금까지 일해온 운동이 옳다고 굳게 믿었기 때문에 좌절하지 않았다. 그는 또다시 일어나 움직이기 시작했다.

'지금 나마저 주저앉는다면 나라의 운명이 어찌될 것인가. 나는 결코 포기할 수 없다. 생명이 있는 한 다시 시작해야 한다.'

그는 흩어진 사람들을 찾아다니면서 하나씩 불러모았다. 드러내놓고 할 수 없는 일이었기 때문에 자연스럽게 지하운동이 되었다.

"이런 상황에서 어떻게 다시 시작할 수가 있겠습니까?"

그를 만나는 사람들은 대체로 부정적인 반응을 보였다. 그러나 이상재는 희망을 잃지 않고 적극적인 모습으로 일관했다.

"우리가 다시 뭉치지 않으면 나라는 간신들의 독차지가 되어 결국 망하고 말 것입니다. 그런데 어떻게 우리가 포기할 수 있습니까."

이상재는 이전의 동지들을 찾아다니며 힘을 다시 모으기 시작했다. 참으로 눈물 나는 과정이었다.

이런 중에 이상재에게 가장 어려웠던 것은 생활고였다. 관직에 있을 때는 먹고 사는 일은 걱정 없었지만 관직을 떠난 후로는 생활이 매우 어려워졌다. 그의 가족들 또한 생활고에 시달리게 되었다. 그는 위기에 처해 있는 나라와 민족의 일에 온 힘을 쏟다보니, 가족을 돌아볼 겨를조차 없었다.

'나라가 있어야 가족도 있는 거지, 나라가 망하면 가족이 무슨 소용인가.'

그의 생각은 비장했다. 이미 정부는 황국협회, 곧 친러시아파의 독무대가 되어버린 상태였다.

이때 이완용은 학부대신의 관직에 올라 군림하고 있었다. 이완용은 서재필과 이상재가 독립협회를 창설했을 당시만 해도 독립협회의 주요 회원이었다. 그러나 그는 처음부터 지조 없이 시류에 편승하는 사람이었다. 경우에 따라 친러파도 친일파도 되는 그런 인물이었다.

어느 날, 이완용의 수하가 이완용에게 귓속말로 독립협회의 소식을 전해주었다.

"다 해체된 줄 알았던 독립협회의 잔당이 다시 활동을 시작했다고 합니다."

"그게 정말인가?"

"이건 정확한 정보입니다."

"그렇군!"

그의 입가에 묘한 웃음이 번졌다. 그는 더 높은 자리에 오르는 일이라면 그 어떤 것도 가리지 않았다. 그것은 자기에게 주어진 또 한 번의 기회임에 분명했다. 이완용은 곧 자기의 심복 이근택에게 명하여 반정부 세력을 철저히 뿌리 뽑는다는 명목을 내세워 '경위원'이라는 특무기관을 설치하도록 했다. 그리고 이근택을 이 기관의 총관 자리에 앉혔다.

이들은 아주 그럴듯한 각본을 썼다. 그것은 지하에서 민영환을 중심으로 '조선협회'라는 조직이 만들어졌고, 이 조직은 일본에 망명 중인 박영효 등 친일분자들과 결탁하여 정부를 뒤엎을 계책을 꾸미고 있다는 것이었다. 그렇기 때문에 이들을 속히 타도해야 한다고 나섰다. 이런 일을 가리켜 세간에서는 소위 '개혁당 사건'이라고 불렀다.

1902년 6월, 이상재는 즉시 체포되어 경위원으로 끌려가게 되었다. 그의 죄목은 조선협회의 공모자라는 것이었다. 김정식, 이원긍, 유성준, 홍재기 등이 함께 체포되었고, 이상재의 둘째 아들인 이승인도 그 명단에 포함되어 있었다.

경위원 총관 이근택은 이상재 앞에서 아들 이승인에게 모진 고문을 했다.

"너희 패거리가 정부를 뒤엎으려고 작당했던 것이 분명하지?"

"난 정말 모르는 일입니다."

"오라, 아직 고생을 덜해서 그렇구먼. 이놈을 더 세게 때려!"

"으으으, 아아악."

이근택은 이상재를 굴복시키기 위해 이승인을 심하게 고문했다. 자신들이 꾸민 각본에 따른 조작극을 성공시키기 위하여 이상재에게 자백을 받아내려는 데 그 목적이 있었다. 아들이 고문당하는 것을 보면 아비로서 그냥 있을 수 없을 거라고 생각한 것이다. 그러나 그것은 큰 오산이었다. 이상재는 굴복하기는커녕 더 큰소리로 맞대응을 했다.

"이 천하에 벌받을 놈들아, 너희가 명예욕에 눈이 어두워 이런 일을 벌이는 것을 내가 모를 줄 아느냐! 죄 없는 내 아들을 고문한다고 내가 너희 앞에 무릎을 꿇을 것이라고는 생각하지 마라. 어리석은 놈들!"

이근택은 빈정거리면서 말했다.

"왕년에 황제의 총애를 받았던 몸이라서 내가 당신을 직접 고문하지는 못하지만, 당신도 박영효와 결탁한 친일분자인 것만은 분명하단 것을 내가 알지."

"내가 친일분자라고? 무슨 근거로 그런 소리를 하는 거냐?"

"근거는 확실하오."

"확실하다면 그 근거를 어디 하나만 대봐라."

"…."

"흥, 나약한 간신배들 같으니. 너희가 지금은 친러파라고 하면서 러시아를 등에 업고 권력을 잡아 그렇게 건방을 떨고 있지만, 너희야말로 언제 친일파로 둔갑하여 나라까지 팔아치울지도 모르는 놈들이다."

설마 그 말이 사실이 될 줄은 모르고 이상재는 그들을 향해 크게 소리쳤다.

이근택은 이상재 등을 60일 동안이나 경위원 안에 가둬두고 온갖 악랄한 방법으로 괴롭혔고, 마침내는 자기 마음대로 자백서라는 것을 조작하였다. 그리고 국사범이라는 죄목으로 같은 해 8월 감옥으로 이송시켰다.

이상재가 감옥에 갔을 때, 거기에는 많은 애국 청년들이 갇혀 있었다. 신흥우, 박용만, 양기탁 등이었다. 이상재는 그곳에서 이승만도 만났다. 함께 독립협회에서 일하던, 참으로 반가운 동지였다.

"아니, 이상재 선생님 아니십니까?"

"승만 군도 여기 끌려왔군. 우리가 만나서는 안 될 곳에서 다시 만났구먼. 그렇더라도 정말 반가워."

"저도 그렇습니다. 선생님을 뵙게 되어 무척 기쁩니다."

이승만은 이상재보다 스물다섯 살이나 어렸다. 그러나 독립협회 초창기부터 협회의 일을 도왔고, 고종 황제가 주요 관리 자리에 앉히기도 했던 젊은이였다. 그러다보니 그도 황국협회의 주목을 받아 이상재보다 먼저 감옥에 끌려와 있었던 것이다.

나라를 구하려다 도리어 반역 죄인으로 몰려 감옥에 갇힌 이상재는 겉으로만 보면 정말 불운한 사람이었다. 사실 이상재 본인도 그 상황에서 절망할 수밖에 없었다. 그러나 이런 막다른 곳에서 살아계신 하나님을 만나게 되었으니, 참으로 놀라운 하나님의 섭리였다.

감옥에 들어온 그는 나라 걱정에 음식도 제대로 먹지 못한 채 탄식만 하고 있었다. 감옥에 들어올 때부터 음식을 제대로 먹지 못했으니 몰골이 형편없었다.

그 모습을 보고 이승만이 조용히 다가 앉으며 입을 열었다.

"선생님, 얼굴이 너무나 수척합니다. 음식을 조금씩이라도 드십시오."

"나라가 이렇게 위기에 처해 있는데도 조정의 신하들은 자신의 배만 불리고 있다네…."

"저도 알고 있습니다."

"그런데 어떻게 내가 음식을 삼킬 수 있겠는가. 우리 백성 전체가 사느냐 죽느냐 하는 문제 앞에서 태연할 수가 없다네."

이승만은 잠시 무언가 생각하더니, 전혀 다른 말을 꺼냈다.

"이 선생님, 혹시 기독교신앙을 접해본 적이 있으십니까?"

"있었다고 할 수도 있고, 없었다고 할 수도 있다네. 전에 내가 박정양 공사와 함께 미국으로 건너가 일할 때 내 발로 교회를 찾아간 적도 있었으니까. 그리고 최근 독립협회에서 일할 때 서재필도 나에게 신앙을 권하더군. 그러니 기독교신앙을 접해봤다고 해야겠지."

"그래서 어떻게 하셨나요?"

"두 차례 다 그만두었어. 기독교신앙이 나빠서가 아니라 나와는 맞지 않는다고 생각했기 때문이지. 난 본래부터 유교를 따르던 사람이라 그런가봐."

"이 선생님."

이승만은 좀 더 가까이 다가앉으며 말을 이었다.

"선생님도 하나님을 믿고 예수님을 영접하십시오. 우리가 의지할 것은 이제 신앙밖에 없습니다."

"하나님을 믿으면 무슨 수가 생기나?"

"생각이 달라지실 겁니다. 지금까지 생각해왔던 것과는 전혀 다른 가치관을 가지게 되실 겁니다."

"글쎄, 마음이 내키지 않는 것은 아니야. 그러나 아마 이번에도 별 소득이 없을 걸세. 나는 유교의 가르침을 도리라고 생각하고 여지껏 살아왔어. 그 세월이 얼마만큼인데."

"선생님, 생각해보십시오. 서양 사람들의 머리가 어디 우리만 못해서 기독교를 믿고 있겠습니까. 저도 처음에는 유교가 몸에 배었던 사람이라 선교사들의 전도를 받아들일 수 없었습니다. 그러다가 결국 기독교는 유교와는 전혀 다른 차원의 진리라는 걸 깨달았지요."

이상재는 이승만의 말을 묵묵히 듣고 있었다.

"저도 감옥에서 신앙생활을 시작했습니다."

"어떻게 했는가?"

"선교사들이 틈틈이 여러 가지 책들을 감옥으로 넣어주셨는데 그 중에는 성경책도 있었습니다. 그래서 성경을 자세히 읽기 시작했지요. 그러다가 신앙을 가지게 되었고 예수님을 영접했습니다."

"그랬군."

"여기서 신앙을 가진 사람은 비단 저만이 아닙니다. 신흥우 군도 얼마나 신실한 신자가 되었는지 모릅니다."

"어쨌든 고맙구먼. 하지만 다음 기회에 이야기하기로 하지."

"알겠습니다. 그러나 만약 선생님이 기독교신앙을 받아들인다면 애국운동도 완전히 새로워질 것입니다."

이상재는 깊은 생각에 잠겼다.

원수도 사랑하라

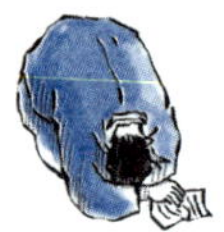

이상재가 감옥 안에 들어가기 전부터 이승만 등 청년들은 그 안에서 선교사들이 넣어주는 여러 가지 책들을 읽으면서 지식들을 쌓아가고 있었다. 특히 이승만은 영어사전을 옆에 놓고 영어 공부에 몰입하여 사전을 다 외워버리기까지 했다.

그때 감옥 안에 책을 넣어준 선교사들은 언더우드, 아펜젤러, 에이비슨, 게일 등이었다. 이들은 기독교 서적만이 아니라 일반 교양책과 시사에 관한 책들까지 다양하게 넣어주었기 때문에 감옥 안의 젊은이들은 지적 욕구를 만족시킬 수 있었다.

이승만은 선교사들이 넣어준 책들을 가지고 감옥 안에 문고를 만들고 수감된 죄수들을 모아놓고 공부를 가르치기도 하면서 감옥 안에서 새로운 의미를 발견해 갔다. 그러나 무엇보다도 놀라운 경험은 성경을 탐독하고 난 후의 깨달음이었다. 그는 살아 계신 하나님을 만나게 된 것이다.

이것을 계기로 이승만의 감옥 생활은 하루하루가 새로웠고, 지금까지와는 전혀 다른 새로운 가치관과 애국관을 갖게 되었다. 그는 이 진리를 이상재에게도 전해주려 했다.

그러던 어느 날, 이상재가 이승만에게 물었다. 이번에는 이상재가 먼저 이승만 곁으로 다가갔던 것이다.

"승만 군, 자네가 지난번에 내게 이렇게 말하지 않았나."

"무슨 말을 했나요?"

"신앙을 가지게 되면 애국운동도 새로워질 거라고 말일세."

"그랬죠. 그건 정말 그렇습니다."

"내게 자세히 설명해줄 수 있겠나?"

전날 이승만이 들려준 말들 가운데 이상재의 마음에 가장 깊게 자리 잡은 말은 신앙과 애국 활동에 대한 것이었다. '만약 신앙생활이 애국운동에 도움이 된다면 관심을 가져 볼 만하지 않은가' 라는 생각이 든 것이었다.

이승만은 목을 가다듬고 차근차근 이야기를 시작했다.

"애국정신이란 민족정신, 곧 내 겨레를 사랑하는 마음에서 나온 것 아닙니까? 이렇게 볼 때 애국정신은 정말 훌륭한 것이지요. 그러나 어떤 사람이 애국정신 하나만을 가졌다면 제 나라의 이익 때문에 다른 나라와 다른 민족은 미워할 수도 있을 것입니다. 어떤 경우엔 이웃 나라를 마구 짓밟으려 할 수도 있고요. 안 그렇습니까?"

"듣고보니 그렇구먼."

"지금 일본이나 러시아가 우리나라를 짓밟으려고 하는 것은 자기

네 조국의 입장에서는 애국심입니다. 그러나 우리가 볼 때는 침략자에 불과하지요."

"그럼 지난번에 자네가 말했던, 신앙생활을 통해 새로운 애국운동을 할 수 있다는 건 무엇을 의미하는가?"

"한마디로 하나님의 정신을 가지고 나라와 민족을 사랑하는 일입니다. 하나님은 우리 민족의 하나님이실 뿐만 아니라 전 세계 모든 민족의 하나님이시기도 합니다. 그러니까 하나님의 정신을 가지고 애국운동을 하면 다른 나라를 미워하거나 짓밟는 일은 피하게 되고 도리어 서로서로 평화를 도모하게 되는 법이지요. 이런 것이야말로 전혀 다른 차원의 애국운동이 아니겠습니까?"

"그런 말이 성경에 기록되어 있는가?"

"기록되어 있고말고요. '너희는 먼저 그의 나라와 그의 의를 구하라'(마 6:33)라는 말씀도 있습니다."

기독교신앙에 대해 이전에는 시큰둥했으나 이번에는 마음이 쓰였다. 이상재는 큰 관심을 보이며 이승만에게 부탁했다.

"내게도 성경 한 권을 가져다주게. 그렇다고 지금부터 신앙생활을 하겠다는 것은 아니고, 우선 성경부터 읽어봐야겠네."

"그렇게 하겠습니다. 정말 잘 생각하셨습니다."

이상재는 이승만이 가져다준 성경을 읽기 시작했다. 감옥 안에는 한문 성경이 많았지만 새로 한글로 번역된 신약성경도 있었다. 그는 이것저것 번갈아가면서 읽어보았다. 그리고 구절구절마다 이해하려고 노력했다.

한편 함께 복역 중이던 동지 김정식은 이상재보다 먼저 성경을 읽기 시작했다. 그는 감옥에 들어오기 전 게일 선교사로부터 직접 한문 성경을 건네받아 읽게 되었다.

그는 성경을 무려 네 차례나 읽었고, 뜻밖에 놀라운 체험을 하게 되었다. 그가 잠시 성경을 덮어두고 D. L. 무디 목사의 설교집을 읽고 있을 때, 갑자기 전에는 이해되지 않았던 성경 말씀들이 떠오르면서 깨달아지기 시작한 것이다. 그는 즉시 무릎을 꿇고 엎드려 하나님을 찬양하였고, 회개를 하며 용서의 엄청난 기쁨과 평화를 맛보았다.

김정식이 이런 신앙체험을 하고 있을 때 이상재도 그의 곁에 있었다. 이상재는 김정식에게 그의 체험을 자세히 들었다. 이런 일은 이상재의 마음에 잔잔한 울림을 주었다.

'신앙은 신비한 힘을 가지고 있는 것이 분명해. 만약 그렇지 않다면 어떻게 하루아침에 사람이 저렇게 변화될 수 있단 말인가.'

그러나 정작 이상재 자신은 별다른 체험이란 것이 없었다. 성경을 보는 동안 더러는 수긍이 가서 머리를 끄덕이긴 했지만 특별한 깨달음이 있는 것은 아니었다.

얼마 전 이승만에게서 애국정신과 신앙생활에 대해 들은 것만 해도 그랬다. 하나님을 섬기게 되면 나의 민족만 사랑하게 되는 것이 아니라 다른 민족과도 평화를 도모하게 된다는 말이 얼마나 감동적으로 들렸던가. 그러나 그것은 어디까지나 이상일 뿐이지 현실적으로 가능한 일 같지는 않았다. 내가 함께 평화로이 지내고 싶어도 상대편이 칼을 휘두르면서 달려든다면 어떻게 그와 함께 평화를 나누어 누릴 수 있단 말인가.

그러던 어느 날, 이상재는 결정적인 사건을 계기로 그리스도인이 되었다.

그가 있던 감옥 벽 틈에서 종이쪽지 하나가 끼워져 있는 것이 눈에 띄었다. 예전부터 끼워져 있었던 것인지, 아니면 며칠 사이에 누가 끼워 놓은 것인지는 알 수 없었다.

'이게 무슨 쪽지일까?'

이상재는 무심히 손을 뻗쳐 그 쪽지를 빼내어 펼쳐보았다.

'아니 이건 성경 말씀을 적어놓은 게 아냐?'

거기에는 마태복음 5장 끝부분의 말씀이 기록되어 있었다.

> 또 눈은 눈으로, 이는 이로 갚으라 하였다는 것을 너희가 들었으나 나는 너희에게 이르노니 악한 자를 대적하지 말라 누구든지 네 오른편 뺨을 치거든 왼편도 돌려 대며 또 너를 고발하여 속옷을 가지고자 하는 자에게 겉옷까지도 가지게 하며 또 누구든지 너로 억지로 오 리를 가게 하거든 그 사람과 십 리를 동행하고 네게 구하는 자에게 주며 네게 꾸고자 하는 자에게 거절하지 말라 또 네 이웃을 사랑하고 네 원수를 미워하라 하였다는 것을 너희가 들었으나 나는 너희에게 이르노니 너희 원수를 사랑하며 너희를 박해하는 자를 위하여 기도하라 이같이 한즉 하늘에 계신 너희 아버지의 아들이 되리니 이는 하나님이 그 해를 악인과 선인에게 비추시며 비를 의로운 자와 불의한 자에게 내려주심이라 너희가 너희를 사랑하는 자를 사랑하면 무슨 상이 있으리요 세리도 이같이 아니하느냐 또 너희가 너희 형제에게만 문안하면 남보다 더하는 것이 무엇이냐

이방인들도 이같이 아니하느냐 그러므로 하늘에 계신 너희 아버지의 온전하심과 같이 너희도 온전하라 마 5:38-48

전에 몇 번이나 읽기도 하고 듣기도 했던 말씀이었지만 그 순간 다가오는 새로운 감동과 깨달음은 그의 마음을 완전히 사로잡았다.

"아!"

이상재는 그 말씀을 읽고 또 읽었다. 아니, 몇 번이나 읽고 읽어도 계속 새로웠다. 그리고 그 순간 그에게 이런 깨달음이 왔다.

'아, 이것이야말로 참 진리이다. 이 세상 어느 누가 이런 말을 할 수 있단 말인가.'

그는 곧 바닥에 엎드렸다. 살아 계신 하나님의 존재를 느끼는 순간 그렇게 하지 않을 수 없었던 것이다.

"오, 하나님! 저는 정말 큰 죄인입니다. 무지한 제가 애국자란 이름하에 남을 미워하기만 했으니 이보다 더 큰 잘못이 어디 있겠습니까. 저를 용서해주시고 새롭게 태어나게 해주소서."

그의 눈에서는 한없이 눈물이 쏟아져 내렸다. 위대하신 하나님 앞에 자신이 너무나 보잘것없이 느껴졌기 때문이었다. 1903년 어느 봄, 그의 나이 쉰네 살 때였다.

그는 신앙체험을 한 후에 모든 것이 새롭게 보였다. 특히 애국에 대해 새로운 안목을 가지게 되었다.

'나라를 바로 잡으려면 적을 적으로 대하지 말아야 한다. 설사 적이 칼을 들고 휘두르며 달려든다 하더라도 그를 대적하지 않고 받아

들이는 것, 이것이 곧 예수께서 가르치신 나라 사랑의 길이다.'

이렇게 생각한 그는 그리스도인이 되고 나서 감옥 안에 있는 모든 죄수들에게 자기가 기독교인이 되었음을 알렸다.

"여러 동지와 친구들, 나는 예전의 이상재가 아니라 이제는 하나님을 믿고 섬기는 이상재가 되었습니다. 나는 지금 여러분과 함께 감옥 안에 갇혀 있지만 전에 고종 황제 앞에 드나들면서 나랏일을 볼 때보다 훨씬 더 마음이 가볍고 기쁩니다. 몇 푼의 생계비와 명예가 아닌 새로운 생명을 얻었기 때문입니다. 우리 하나님께서는 이런 놀라운 은총을 주시려고 나를 이 감옥에까지 보내셨습니다. 이 얼마나 놀라운 일입니까. 여러분도 낙심하지 말고 하나님을 영접하기 바랍니다. 그러면 이곳 지옥 같은 감옥도 금방 천국으로 변하게 될 것입니다."

이런 이유로 훗날 《조선기독교와 외교사》라는 책을 저술한 이능화가 그때 이상재의 체험을 가리켜 '지옥이 곧 천국이었다'라는 말을 썼다.

이상재가 신자가 되고 나자 이승만, 신흥우 등이 몹시 기뻐하였고 먼저 회심한 동지 김정식도 무척 기뻐하였다. 같은 환경에서 같은 신앙을 체험하고 난 후 영적 기쁨을 함께 나눌 수 있다는 것은 그들에게 큰 위로와 용기를 주었다.

이상재는 이때부터 열심히 기도하기 시작했다.

"하나님, 저에게 어떤 고난과 고통 속에서도 이겨나갈 수 있는 힘을 주소서. 그리고 가엾은 우리 백성을 인도하고 보호해주소서."

기독교청년회 운동의 시작

1904년 2월, 마침내 인천 앞바다에서 일본과 러시아 군함들 사이에 총포가 터지기 시작했다. 러일전쟁이 발발한 것이었다.

일본 세력이 밀려들면서 명성황후는 친러 정책을 펴려다가 일본 자객들의 칼에 무참히 시해당했고, 이 일로 러시아 세력은 일본의 세력을 견제하려고 조선 땅에 꾸준히 세력을 뻗쳐 왔다. 두 나라는 그동안 팽팽하게 맞서오다가 기어코 충돌을 빚게 되었다.

하지만 이 전쟁에서 일본은 쉽게 러시아를 이겼다. 일본 자체의 힘도 강했지만 미국과 영국이 남하하는 러시아 세력을 견제하기 위해 일본을 도왔기 때문이다. 러일전쟁에서 일본이 승리하자 한국의 정세는 하루아침에 바뀌고 말았다. 이 전쟁의 결과로 한국은 완전히 일본의 독무대가 되어버렸다. 일본은 강압적으로 한국과 '한일의정서'를 체결하고 일본 군대를 한반도에 주둔시켰다.

이처럼 정세가 바뀌자 정부에서도 민영환을 학부대신으로 기용하고 윤치호를 외부대신에 임명하는 등 그야말로 새로운 변화가 일게 되었다. 그래서 이상재 등 독립협회 관련자들도 곧 감옥에서 풀려나게 되었다. 이들이 친러파의 계략으로 감옥에 갇힌 지 3년 만의 일이었다.

이상재는 감옥에서 풀려나긴 했지만 앞으로 살아갈 길이 여전히 막막하였다. 민영환과 윤치호 같은 몇몇 애국자들이 정부 요직에 앉아 있기는 했으나 세력이 친러파에서 친일파로 바뀌진 것뿐, 나라의 움직임에는 별다른 변화가 없었기 때문이다.

'아, 이 나라의 운명은 암담하기만 하구나. 한 떼의 먹구름이 지나고 새로운 먹구름이 하늘을 덮었을 뿐이니….'

이상재가 감옥에서 풀려나오자 일본 공사의 통역관 한 사람이 그를 찾아왔다.

"이 선생님, 정말 잘되었습니다."

"뭐가 잘됐다는 말씀인가요?"

"선생님께서 쉽게 감옥에서 나올 수 있었던 것은 저희 일본 공사의 힘이 아주 컸습니다. 그러니…."

"그러니 어쩌란 말인가요?"

"공사를 찾아가서 정중하게 인사하고 고맙다는 뜻을 표해야 하지 않겠습니까?"

그러자 이상재는 큰소리로 호통을 쳤다.

"내가 고맙다는 인사를 하려면 우리 황제에게 해야지 어째서 일본 공사에게 한단 말이오!"

일본 공사가 통역관을 이상재에게로 보낸 것은 나름대로 의도가 있었다. 이상재가 친러파들의 계략에 그동안 억울한 감옥살이를 했기 때문에, 이처럼 정세가 바뀐 상황에서는 쉽게 친일파로 기울 것이라고 계산했던 것이다. 그러나 그의 곧은 정신은 변함이 없었다.

통역관은 잠시 머뭇거리더니 다시 입을 열었다.

"그건 선생님께서 잘 모르시는 말씀입니다."

"내가 뭘 모른단 말인가?"

"사실은 우리 공사가 귀국의 황제 폐하를 여러 차례 찾아뵙고 무고한 선생님을 풀어달라고 요청을 했습니다."

"그래서 우리 황제가 꼼짝 못하고 그 말을 듣고 날 풀어주었단 말이오? 그래, 지금 우리 황제가 일본 공사의 수하란 말을 하고 싶은 것입니까!"

"그런 게 아니라 단지…."

"이만 물러가시오. 난 그동안 우리나라를 위해 싸우다 감옥에 간 것이지 일본의 앞잡이 노릇이나 하려고 감옥살이를 했던 건 아니오. 내가 당신들의 수작을 모를 줄 아는가?"

통역관은 더 이상 말을 꺼내지 못하고 주춤거리다가 가버렸다.

이상재는 그 후 여러 선교사를 찾아다니며 일일이 인사하였다. 이들이 감옥에 넣어준 여러 가지 종교 서적들은 큰 힘이 되었고, 결국 자신이 하나님을 믿고 변화하게 되었으니 참으로 고마운 일이었다.

그가 연동교회의 게일 선교사를 찾아갔을 때는 이미 그 교회에 출석하리라 마음먹고 있었다.

"아니, 이상재 선생님 아니십니까?"

"감옥에서 나와 생각해보니 정말 감사한 마음이 들어 선교사님을 찾아뵈러 왔습니다."

"하하, 어째서 제게 감사한 마음이 든단 말입니까?"

"선교사님이 감옥에 성경을 넣어주지 않았다면 제가 어떻게 하나님을 알 수 있었겠습니까. 모두 선교사님의 사랑과 관심 덕분입니다."

"그것은 제가 한 일이 아닙니다. 모두 하나님께서 친히 하신 일이었습니다. 그러니 감사는 하나님께 드려야죠. 어쨌든 이렇게 찾아와 주어서 반갑습니다."

이상재는 게일 선교사에게 자기가 변화하게 된 과정을 자세히 들려주었다. 그리고 기독교정신이 바탕이 된 애국정신에 대해서도 이야기했다.

"저는 사실 하나님을 만나기 전까지는 애국정신에 위배되는 사람은 물론 침략자들에 대해서는 단호하게 물리쳐야 한다고 생각했습니다. 그러나 예수님을 영접하게 된 지금은 "악한 자를 대적하지 말라"(마 5:39)라는 예수님의 말씀을 통해 예전의 나의 생각이 잘못된 것이었음을 깨닫게 되었습니다."

"정말 훌륭한 깨달음입니다."

이상재는 잠시 후에 다시 입을 열었다.

"어쨌든 지금으로선 나랏일에 관여할 의사가 전혀 없습니다. 우선 교회에 출석하면서 열심히 신앙생활을 해볼까 합니다."

"그러십시오. 그런데 교회는 정하셨습니까?"

"그래서 제가 지금 여기 연동교회를 찾아온 것입니다."

"그럼 우리 교회에 출석하겠다는 것입니까?"

"예, 그렇습니다."

"이거 정말 큰 영광입니다. 선생님처럼 훌륭한 애국자가 저희 교회에 출석한다니 말입니다."

"과찬의 말씀입니다. 선교사님, 잘 부탁드립니다. 정말 하나님 앞에서는 어린아이 아닙니까?"

이상재는 연동교회에 다니면서 신앙생활에 전념하였다. 하지만 신앙생활을 하는 중에도 나랏일을 걱정하지 않을 수 없었다.

일본은 러일전쟁에서 이긴 후에 청일전쟁 이후보다 훨씬 더 강하게 밀어붙이며 대한제국을 지배하려고 했다. 게다가 친러파에 속해 있으면서 개혁당 사건을 조작하여 자기를 감옥으로 넣은 이완용과 이근택이 이번에는 친일파로 둔갑하여 정부 안에서 거드름을 피우고 있었던 것이 이상재의 마음을 아프게 했다.

"이놈들아, 너희가 지금은 친러파라고 행세하고 있지만 너희야말로 언제 친일파로 둔갑해 나라까지 팔아치울지 모를 위인들이다."

이 말은 개혁당 사건 당시 이상재가 자기 아들을 무자비하게 고문하는 이근택을 향해 호통치며 했던 말이었다. 그런데 불행하게도 그 말은 사실이 되고 말았다.

'어떻게 해야 할까. 독립협회도 무너진 지 오래고 정부까지도 간신배들이 판을 치고 있으니, 도대체 어디서부터 어떻게 손을 써야 한단 말인가.'

이상재는 이 문제를 게일 선교사와 함께 의논하였다.

"선교사님, 정말 답답합니다. 애국운동도 기독교정신이 바탕이 되어야 한다는 것을 뻔히 알고 있으면서도 전혀 방법이 떠오르지 않으니 말입니다."

"이 선생님, 이렇게 하는 것이 어떻겠습니까? 지난해 10월 28일에 우리 선교사들이 중심이 되어 '황성기독교청년회'를 조직했습니다."

"무슨 목적으로 조직된 단체인가요?"

"교회는 본래 젊은 청년들이 모여야 더 힘있는 일, 더 많은 일을 할 수 있는데 현실은 그렇지 못합니다."

"그래서요?"

"그래서 지식층 청년들을 끌어들여 복음정신에 부합한 기독교사업을 펼치려고 이런 조직을 만든 것입니다."

"정말 좋은 생각이군요."

"지금 이 조직에서 활동하고 있는 분들이 거의 정동구락부 때의 친구들입니다. 이 선생님이 벌써 다 잘 알고 있는 분들이지요."

"그렇겠군요."

"물론 이 조직을 통해서 정치운동을 하자는 것은 아닙니다. 하지만 지금 이 단체에서 기독교정신에 입각해 구국운동을 펼칠 수도 있지 않겠습니까?"

이상재는 게일 선교사의 제안에 귀가 솔깃해졌다.

"게다가 나라를 위해 젊은 인재들을 기독교정신으로 기른다는 것은 큰 의미가 있습니다."

"정말 좋은 제안입니다."

황성기독교청년회란 기독교청년회(YMCA)의 전신으로, 게일 선교사의 말 그대로 지식층 청년들이 중심이 되어 복음사업을 펼치는 것을 목적으로 설립되었다. 그러니 이상재가 그 말을 들었을 때 어찌 흥분하지 않을 수 있었겠는가.

이렇게 하여 이상재의 YMCA 활동이 시작되었다. 그는 즉시 이 조직에 가담했을 뿐만 아니라 감옥 안의 친구들까지 끌어들였다. 1904년 중순경의 일이었다.

기독교청년회, 곧 YMCA는 원래 1884년에 영국의 조지 윌리엄스가 기독교정신에 따라 젊은이들에게 지덕체의 세 가지 요소를 고르게 키우고 성장시킨다는 목적을 두고 만든 단체였다. 윌리엄스는 포목점의 점원이었는데, 열심히 일해 포목점의 주인까지 된 사람이었다. 그는 자기 가게나 다른 가게에서 일하는 젊은이 12명과 함께 올바른 신앙을 위해 모임을 만들었는데, 이것이 곧 널리 퍼져나간 것이다.

이 운동은 곧 영국 안에서 커다란 반향을 일으켰고, 미국으로 건너간 후에 더욱 체계화되어 세계적인 국제 청년기구로까지 발전해 갔다. 황성기독교청년회 역시 그런 맥락에서 세워진 것이었다.

1905년 11월 17일, 마침내 일본은 친일파들을 내세워 서서히 한국의 주권을 하나하나 손에 넣기 시작하더니 강제로 '을사보호조

약'★을 체결하기에 이르렀다. 겉으로 보기에는 우리의 약한 국권을 보호하기 위한 것이었지만 실상은 외교권과 주권을 빼앗기 위한 조약이었다. 그 후 우리나라 안에 일본의 통감부가 설치되었고, 외교 문제 등 중요한 국권이 일본의 통제를 받게 되었다. 아직 나라의 주권을 통째로 빼앗긴 것은 아니었으나 독립국으로서의 힘은 잃어가고 있었다.

을사보호조약의 내용은 다음과 같다.

- 조선의 외교 등 일체 업무는 일본 외무성이 지휘 감독한다.
- 조선 정부는 일본의 승인 없이 어떤 나라와도 조약을 체결할 수 없다.
- 일본은 조선 안에 통감부를 두고, 필요하다고 인정된 곳에는 일본의 관리를 두어 모든 사무를 전담하게 한다.
- 현재 효력을 가지고 있는 모든 조약은 그대로 둔다.
- 일본 정부는 조선 황실의 안녕과 존엄을 지켜준다.

조약이 체결되자 나라 전체가 들고 일어났다. 전국은 연일 반대 시위로 들끓었다.

"일본은 즉시 조약을 파기하라!"

"우리는 이 굴욕을 결사반대한다!"

★ **을사보호조약** 1905년에 일본이 우리나라의 외교권을 빼앗기 위해서 강제로 맺은 조약으로 '을사늑약'이라고 부른다.

“정부와 온 국민은 끝까지 투쟁하라!”

전 국민이 결사 반대를 부르짖었으나 한번 체결된 조약을 뒤엎을 수는 없었다. 사태가 이 지경에 이르자 〈황성신문〉 사장인 장지연은 ‘시일야방성대곡’이라는 사설을 쓰면서 온 겨레와 함께 울분했다. 그리고 민영환은 끝까지 그 조약을 저지하려다 실패로 돌아가자 결국 자결하고 말았다.

반대로 조약 체결에 결정적인 역할을 한 이완용과 이근택 같은 친일파들은 더 큰 세상이라도 만난 듯이 힘과 부를 얻었다. 이완용이 즉시 총리대신 자리에 올라 새 내각을 구성할 정도였으니, 그들의 사기는 하늘을 찌를 만큼 높았다.

이런 난국에 고종 황제는 이상재를 불렀다. 이상재는 황제를 보니 눈물부터 났다.

“황제 폐하, 얼마나 걱정이 크십니까.”

“참으로 난감하오. 이 나라가 어찌 되려고 이러는지.”

고종 황제도 눈물을 흘렸다. 그러다 잠시 후에 입을 열었다.

“내가 그대를 부른 것은 지금 의정부 참찬 자리가 비어 있으니 그 자리를 맡아줬으면 해서라오.”

의정부 참찬은 본래 이상설이 일하던 자리였다. 그러다 을사조약이 체결되자 이상설은 분함을 참지 못해 관직을 버리고 말았다.

고종 황제는 말을 이었다.

“내가 덕이 없어 나라가 이 지경에까지 이르렀다오. 그렇다고 해서 이 나라를 포기하면 어떻게 되겠소. 그러니 부디 내 부탁을 받아들여 기울어져가는 이 나라를 붙들어주오.”

이상재는 단호하게 말했다.

"폐하, 죄송하오나 저는 지금 폐하의 요청을 받아들일 수 없습니다. 저는 저 매국노들과는 도저히 함께 일할 수 없기 때문입니다."

단호한 이상재의 태도에 고종 황제는 매우 난감했다.

"그대의 원망스러운 마음을 모르는 바 아니오. 하지만 지금은 그런 것을 따지지 말고 구국의 정신으로 나를 도와주시오."

참으로 애절한 호소였다.

이상재는 결국 고종 황제의 부탁대로 의정부 참찬의 자리에 올랐다. 친일파들과 함께 일한다는 것은 매우 힘겨웠다. 그래서 그는 고종의 곁에 있으면서 그를 보호하고 위로하는 일에만 힘썼다.

절망의 수렁에서

얼마 후 '헤이그 밀사 사건'이 터졌고, 고종 황제의 운명도 그 일을 계기로 끝나고 말았다.

1907년 네덜란드 헤이그에서는 각국의 지도자들이 모여 세계 평화를 논의하는 '만국평화회의'가 열리기로 되어 있었다. 이 회의를 몇 달 앞두고 몇몇 애국자들이 은밀한 모임을 가졌다. 여기에 자리를 함께한 사람은 이상재, 을사보호조약을 통탄하여 관직을 버린 전직 참정대신 한규설과 전직 의정부 참찬 이상설, 그리고 평리원 검사로 있다가 그 조약을 반대한다는 이유로 파면당한 이준 등이었다.

"우리 모두 잘 알다시피, 지금 일본은 우리나라의 주권을 완전히 빼앗고 이제는 중국까지 넘보고 있는 판국입니다."

"이번에 헤이그에서 열리는 만국평화회의에 반드시 참가하여 일본의 야욕을 폭로해야만 합니다. 이때를 놓치면 우리나라의 억울한 사정을 세계 만방에 호소할 길을 잃고 맙니다."

비밀리에 회의를 한 후 밀사를 파견하기로 했다. 헤이그 밀사로는 이상설과 이준, 그리고 러시아 조선 공사관에서 서기관으로 일하고 있는 이위종 세 사람을 선정되었고, 황제의 승인을 받아내는 일은 이상재가 맡기로 하였다.

이런 결의를 들은 고종 황제는 처음엔 펄쩍 뛰었다. 일본에게 들키기라도 하면 큰일이기 때문이었다. 그러나 이상재는 계속하여 고종을 설득했다.

"폐하, 살신성인(殺身成仁)이라는 말도 있지 않습니까. 밀사들은 나라를 위해 목숨을 내어놓았습니다. 그만큼 중요한 기회입니다. 지금 나라의 운명이 얼마나 위급합니까? 이런 기회를 놓칠 수는 없습니다!"

고종 황제는 오랜 고민 끝에 결심한 듯, 밀서에 어인을 찍고 헤이그로 가는 일을 승낙했다.

그해 4월, 이상설과 이준은 황제의 밀서를 간직하고서 몰래 서울을 떠나 러시아의 서북부 도시 페테르부르크에 도착하여 이위종과 합류하였다. 이위종은 외국어 실력이 뛰어났기 때문에 그 일에 꼭 필요한 사람이었다. 그리고 얼마 후, 이들은 무사히 헤이그에 도착했다.

그러나 이 일은 결국 수포로 돌아가고 말았다. 회의 의장이 조선 밀사들을 받아주지 않았기 때문이었다. 조선은 일본의 지배 아래 있기 때문에 단독으로 참석할 수 없다고 못 박아 말했다. 서구 열강들은 주권을 잃어버린 것과 다름없는 조선을 무시했다. 이미 자기들도 일본과 같은 일을 행하고 있던 터라, 그러기에 더더욱 조선이라는 약한 나라의 세 밀사를 인정할 수 없었다.

이들 세 사람은 각국의 대표들을 만나 조선의 억울한 사정을 호소했다. 그러나 그들은 세 밀사에게 동정심은 표하면서도 그들을 편들어주지는 않았다. 약자를 버리고 강자의 편에 서는 국제사회의 냉엄한 현실은 그러했다.

"아, 이 일을 어찌하면 좋습니까?"

"조국으로 돌아갈 면목도 없고…."

"돌아가더라도 일본놈들의 칼이 우리를 기다리고 있을 겁니다."

참으로 암담하기 짝이 없었다. 이준은 너무나 분해서 곡기를 끊고는 결국 헤이그에서 머물던 호텔에서 죽었다. 이상설과 이위종은 그 길로 미국으로 망명했다. 돌아와도 그들을 기다리는 것은 일본과 친일파의 서슬 퍼런 칼날뿐이란 것을 잘 알고 있었기 때문이다.

원래 일본은 1905년 을사보호조약 당시 조선을 없애버릴 계획이었다. 하지만 민영환이 자결하고 언론이 크게 반발하고 나서는가 하면 국민 전체가 일어나는 바람에 잠시 주춤했던 것이다. 그러던 중에 밀사 사건이 터졌으니, 일본에는 기회였다.

당시 조선 통감이던 이토 히로부미는 즉시 고종 황제를 찾아가 퇴위를 강요했다.

"폐하, 어떻게 이런 일이 일어날 수 있습니까?"

고종은 아무 말도 하지 않았다.

"이렇게 우리의 보호권을 무시할 바에는 차라리 우리 일본을 향해 선전포고를 하는 것이 더 낫지 않겠습니까?"

"…."

"어찌 대답이 없나요? 황제는 이번 일에 전적으로 책임을 지셔야 합니다."

고종 황제는 입을 열지 못하고 침묵만 지켰다. 한 나라의 통치자이면서도 아무런 힘이 없는 그야말로 가련한 황제였다. 그는 먼 타국에서 죽어간 이준 열사의 죽음에 가슴 아파했다. 그러나 상황은 슬퍼할 겨를조차 없이 매우 급하게 돌아가고 있었다.

이토 히로부미가 물러가자 이번에는 총리대신 이완용의 지시를 받고 송병준이 찾아왔다. 그 역시 일본의 앞잡이요 매국노였다.

"폐하, 일본의 보호를 무시하고 헤이그에 밀사를 파견하다니, 이런 큰 반역이 어디 있습니까. 그리니 책임을 지고 이 자리에서 자결이라도 해야 하는 것 아닙니까!"

"그게 내 앞에서 할 말이오?"

"그렇지 못하겠거든 직접 도쿄로 가서 일본 천황 폐하께 엎드려 용서라도 구해야 합니다."

"그런 무엄한 말이 어디 있소! 그대는 지금 나의 신하가 맞소?"

"그런 걸 따질 때가 아닙니다. 이것도 싫고 저것도 싫다면 한 가지 방법뿐이로군요."

"도대체 나에게 무엇을 하라는 것인가?"

"황제의 자리에서 물러나셔야지요."

"아니, 뭐, 뭐라고?"

고종 황제는 화가 나고 흥분한 나머지 온 몸을 부들부들 떨었다. 그러나 송병준은 태연한 모습으로 그 앞에 앉아 있었다. 자기 뒤에는 세상에 무서울 것이라고는 아무것도 없는 이완용과 일본이 버티고 있기 때문이었다.

고종 황제는 자기가 더 버티다가는 더욱 큰일이 날 것이라고 판단했다. 고종 황제는 상황에 떠밀려 앞으로 왕세자에게 국사를 대신하도록 하겠다고 발표했다.

그런데 일본은 고종의 담화를 악용해서, 고공 황제가 왕의 자리를 아들에게 물려주었다고 선언하고 마음대로 왕세자를 황제의 자리에 앉혀버렸다. 그가 바로 조선의 마지막 왕 순종이다. 1907년 7월 20일의 일이었다.

고종 황제가 강제로 쫓겨났다는 소식이 전해지자 온 겨레는 또다시 분노하였다. 각처에서 결사반대의 시위가 벌어졌다. 그러자 이번에는 일본도 강하게 대응했다. 일본 헌병들은 무자비하게 칼을 휘두르면서 사위대를 진압했고, 많은 사람들이 부상을 당하고 붙잡혔다.

일본 당국은 즉시 이상재를 체포하라는 명령을 내렸다. 이번 시위의 주동자로 그가 지목받은 것이다.

이상재는 고종 황제의 강제 퇴위 소식에 말할 수 없는 분노와 비참함, 슬픔을 느꼈다. 그러나 지금 잡히면 앞으로 어떤 일이 일어날지는 너무나 분명했다. 그는 자신의 처지를 선교사들에게 알리고 이 문제에 대해 의논했다. 선교사들의 대답은 한결같았다.

"어서 몸을 피해야 합니다. 그렇지 않으면 처참한 죽음이 기다릴

뿐입니다."

그때부터 이상재는 선교사들의 집을 돌아다니며 숨어서 살기 시작했다. 영일동맹의 영향으로 선교사들 집에는 일본의 힘이 닿지 못해 안전했기 때문이다. 숨어 지내는 동안 이상재는 더욱 절망에 빠졌다.

'아, 민영환, 이준은 망국의 한을 품고 이 세상을 떠났고 황제마저 강제로 쫓겨나버렸다. 이제 나는 무엇을 바라고 무엇을 하며 살아야 한단 말인가? 앞이 보이지 않는구나. 나도 이들의 뒤를 따라 자결하는 일이 가장 떳떳한 길이 아닐까.'

이런 절망적인 상황에서 같은 해에 집안에서도 슬픈 일이 일어났다. 그동안 제대로 보살펴주지도 못했던 부인 유씨가 그만 세상을 떠난 것이다. 부인이 숨을 거둔 지 불과 4일 후에는 맏아들 승윤이 숨을 거두었다. 그의 슬픔은 이루 말할 수 없이 컸다. 그런데 그 이듬해인 1908년에는 둘째 아들 승인이마저 세상을 떠나고 말았다. 계속되는 비운에 이상재는 비탄에 잠겼다. 두 아들과 부인을 떠나보낸 마음을 무엇으로 표현할 수 있겠는가.

그 슬픔이 너무나 커서 이상재는 더 이상 견딜 수가 없었다. 그는 게일 선교사를 불러 자신의 결심을 털어놓았다.

"선교사님. 고향에 좀 다녀오고 싶습니다."

"무슨 일로 가려는 것입니까? 아직은 이 선생님의 신변이 위험합니다."

"잘 알고 있습니다. 그러나 이참에 고향에 가서 유산을 정리하려고 합니다."

"유산을 정리하다니요? 다른 곳으로 가려는 것입니까?"

"네, 다른 곳으로 가려 합니다. 이 한 많은 세상, 이제는 떠나고 싶습니다."

"그게 무슨 말입니까?"

게일 선교사는 두 눈이 휘둥그레졌지만 이상재는 담담한 표정으로 말했다.

"자결하려고 결심했습니다. 제가 더 이상 이 땅에 살아야 할 이유가 없습니다."

"그게 무슨 소리입니까! 이 선생님은 지금 이 나라와 우리 젊은이들에게 희망의 등불입니다. 그런데 자결을 하다니요."

"나의 시절은 이제 다 지나갔습니다. 내 안에 희망이 없는데 내가 누구의 희망이 될 수 있겠습니까."

"안 됩니다. 그건 안 되는 일이에요. 자결은 우선 하나님 앞에서 큰 죄를 짓는 것입니다. 하나님께서 주신 생명을 스스로 끊겠다니, 그건 절대로 안 됩니다."

이상재는 굳게 입을 다물고 있었다. 그의 결심이 돌덩이처럼 굳은 것 같았다.

"제발 마음을 돌리십시오. 사람이란 누구에게나 불운한 때가 있는 법입니다. 그 절망을 극복하고 일어서는 것이 참된 신앙입니다. 힘을 내세요. 하나님이 도와주실 것입니다."

"저는 벌써 결심을 했습니다. 더 이상 말리지 마십시오."

절망이었다. 그야말로 처절한 절망이었다.

게일 선교사는 그를 구하기 위해 동료 선교사들을 불러모았다.

그들은 함께 이상재를 위로했다.

"이 선생님이 죽는다니요? 그게 무슨 소립니까?"

"나라가 망하고 가족이 다 죽었다 하더라도 이 땅에는 아직도 많은 젊은이들이 있습니다."

"이 젊은이들은 선생님의 자식들일 뿐만 아니라 이 나라의 희망이지 않습니까? 그러니 제발 마음을 돌이키십시오."

"살아 계신 하나님께서는 반드시 선생님을 통해 크신 뜻을 이루실 것입니다."

간곡하게 위로하는 선교사들의 말에 이상재는 다시 힘을 얻었다.

'그렇다. 이 땅의 젊은이는 다 나의 자식들이요, 이 나라의 희망이다.'

하나님께서는 왜 그를 그런 극심한 절망까지 내모셨을까? 그것은 이 땅의 젊은이들에게 그리스도의 정신과 민족정신을 일깨워주는데 이상재를 사용하고자 하는 하나님의 깊은 뜻이 있었다.

이상재가 다시 힘을 얻고 일어서자 YMCA 측에서는 그에게 총무자리를 맡아달라고 했다. 황제 앞을 드나들면서 나랏일을 하던 사람이 작은 선교단체에서 일하게 되었다는 것이, 어떻게 보면 보잘것없는 일처럼 보일 수도 있다. 하지만 하나님 앞에서는 오히려 그 일이 더 큰 일일 수도 있다. 그는 비장한 각오를 가지고 이 일에 헌신하기 시작했다.

젊은이들을 위한 헌신

이때부터 이상재는 YMCA의 일로 눈코 뜰 새 없이 바쁘게 지냈다. 환갑이 다 된 나이지만 여느 젊은이 못지않게 뛰어다니면서 열심히 일했다. 그의 주변에는 언제나 많은 청년들이 모여들었다. 이렇게 그는 청년들과 함께 활동하며 노년을 보내게 되었다.

"이 선생님은 날이 갈수록 젊어지십니다."

"일을 하다보면 늙을 시간도 없으니까요."

"꼭 그런 것만은 아니지 않습니까?"

"예. 바쁘다고 늙지 않는 건 아니지요. 하지만 나는 젊어지는 비결을 알고 있습니다."

"그 비결이란 게 무엇입니까?"

"보람 있는 일을 하는 것입니다. 나의 경우는 젊은이들과 함께 생활하고 생각하고 꿈을 꾸며 살기 때문에 젊어지지 않을 수 없지 않겠습니까."

"그렇군요. 옳은 말씀입니다."

이상재는 어디서 누구를 만나더라도 자연스럽게 그런 이야기를 나누곤 했다. 그것은 분명 하나님이 주신 신앙의 힘이었다. 이상재와 함께 일한 한 선교사는 그에 대하여 이렇게 말하였다.

그는 누구보다 열심히 활동하였다. 그가 뛰어드는 일 가운데 해결되지 않는 것이 없었다. 그는 총무를 맡아 자신의 일을 충실하게 수행하면서 성경 연구부의 지도자 역할도 잘해냈다. 성경 연구 지도자 21명이 배출되었는데 그중에서 19명이 이상재의 지도를 받을 정도였다. 어느 해인가는 1년 동안 성경 연구반에 젊은이들이 628명이나 등록하기도 했다. 그리고 그는 46회의 전도 집회를 열었는데, 1년 동안 참여한 전체 인원은 1만 8천 명이나 되었다.

젊은이들과 함께 생활하는 이상재에게는 젊은이들 못지않은 활력이 있었다. 이상재는 젊은이들에게 귀감이 되는 스승이며, 동시에 다정한 친구이기도 했다.

이렇듯 이상재는 YMCA의 총무를 하면서 하나님의 일꾼으로 본격적인 활동을 하게 되었다. 때마침 교회 안에서는 부흥의 불길이 일고 있었다.

1903년 원산에서 시작된 신앙 부흥운동이 급기야는 평양까지 번져 1907년에는 그 절정을 이루었다. 이 부흥운동은 '백만구령운동'

이라는 목표를 내걸고 전국으로 확산되었다. 이런 부흥운동은 일본 침략의 절망 속에서 나라를 되살려보고자 하는 한국 교회의 마지막 몸부림이었고 절규였다.

이 무렵에 YMCA는 이색적인 강연회를 계속 주도하였다. 강연회를 열 때마다 시작 시간에 먼저 애국가를 제창하였고, 반드시 기도로 끝을 맺었다. 그 기도는 늘 눈물의 기도가 되곤 했는데, 하나님 앞에서 나라를 구하고자 하는 청년들의 부르짖는 기도 소리가 늘상 통곡으로 변했기 때문이다. 청년들은 강당에 모일 때마다 큰 소리로 찬송가도 힘껏 부르곤 했다.

> 십자가 군병들아 주 위해 일어나
> 기 들고 앞서 나가 담대히 싸워라
> 주께서 승전하고 영광을 얻도록
> 그 군대 거느리사 이기게 하시네
> (새찬송가 352장)

이상재는 YMCA 안에서 전도대를 조직해 몸소 골목골목을 누비며 전도지를 뿌리고 다녔다.

YMCA 총무로서 이상재가 했던 사업 중에 가장 주목할 만한 것은 연극 공연이었다. 이상재가 직접 대본을 쓰고 연출까지 했다. 계몽적인 내용도 있었지만 대부분 권력의 부패와 일본의 횡포를 다루는 것과 민족의 비애를 그리는 것이었다.

그러나 결론에서는 늘 신앙의 힘을 강조하였고, 우리 민족이 하나님의 신앙으로 깨어나야 한다고 끝맺었다. 그중에서도 당시에 가장 인기 있었던 연극은 이스라엘 민족이 애굽을 탈출한 성경을 재구성한 '출애굽기' 였다. 이 연극은 조선 민족에게 동일감과 희망을 가져다주기에 충분했다.

이상재가 한 연극 공연은 한국 역사상 최초로 등장한 현대식 연극이라는 평가를 받기도 하였다. 그것은 개화운동의 좋은 방법이었다. YMCA가 주최한 연극이 공연될 때면 관중들이 몰려들어 초만원을 이루었다. 일반 청년들뿐만 아니라 가정주부나 처녀들, 심지어는 기생들까지도 변장을 하고 들어와 관람하면서 한마음이 되어 울고 웃었다.

그 사이 조선은 끈질긴 일본의 침략 정책에 무릎을 꿇고 말았다. 1910년 8월 29일, 일본은 조선과 강제로 한일합방을 맺고 조선의 통치권을 앗아갔다. 조선 500년의 역사가 막을 내리고 만 것이다. 나라를 잃은 민족의 슬픔과 분노는 말로 형용할 수 없었다. 삼천리 방방곡곡은 눈물바다를 이루었다.

나라가 망하자 이상재는 몸을 가눌 수 없는 슬픔에 무너져내렸다. 하지만 신앙의 힘으로 다시 일어났다.

'이미 예상했던 일이다. 이런 상황에서 슬퍼만 할 수는 없어. 이런 때야말로 더욱 하나님께 힘과 용기를 구해야 하지 않겠는가!'

사방 각처에서 의병들과 애국지사들이 일어나 일본 헌병들과 맞섰다. 그러나 희생자만 늘어날 뿐 아무런 소득이 없었다. 형편이 이렇게 되자 수많은 애국자들이 국외로 탈출하기도 하였다. 하지만 이상재는 나라 안에서 젊은이들에게 계속적으로 애국심을 불어넣고 하나님을 믿는 신앙을 심어주기에 바빴다.

한일합방이 되자 초대 총독으로 데라우치가 부임해 왔다. 그는 식민지 조선에서 최고 통치자였다. 그는 부임하자마자 YMCA를 위험한 반대 세력으로 주목하고 감시의 눈길을 늦추지 않았다. YMCA는 외국에 기반을 둔 단체이기 때문에 자신들의 마음대로 손대거나 움직일 수가 없었다. 조선 YMCA에는 질레트 선교사가 간사로 있었고, 다른 나라의 YMCA와도 연대하고 있었다.

이상재는 그동안 미국에 건너가 있던 이승만까지 불러들여 1910년 6월에 '제1회 학생 하령회'를 시작으로 본격적인 학생 신앙운동을 펼쳐나가기 시작했다. 신앙운동이긴 했으나 취지는 독립운동과 다름없었다.

옛날에 감옥에서 함께 신앙생활을 하던 동지였던 이승만은 그동안 미국 프린스턴 대학교에서 국제법을 전공하고 철학박사 학위까지 취득했다. 나라를 위해 필요한 인재였다. 그래서 이상재는 그를 불러들여 함께 학생운동을 펼쳐갔다.

그러던 중 1911년 '105인 사건'이 터졌다. 일본이 한국의 독립운동을 무너뜨리기 위해서 은밀히 조작한 사건이었다.

1910년 안명근이 조선 총독 데라우치는 암살하려다 실패한 일이 있었다. 1911년에 일본은 항일 기독교 세력과 신민회를 탄압하기 위해 이 사건을 날조했다. 일제는 날조된 사건을 구실로 민족 지도자 600명을 체포하고, 이 가운데 105명을 기소했다. 그래서 이 사건을 '105인 사건'이라 부른다.

이때 YMCA 회원도 123명이나 체포되었다. 이들 중 상당수가 학생들이었다. 검거된 민족 지도자들과 기독교 지도자, 학생들은 엄청난 고문을 당해야 했다. 거짓 자백서를 받아내기 위해 일본 경찰은 수단과 방법을 가리지 않았다.

한편 일제는 자기들 뜻대로 되지 않는 YMCA에 첩자를 들여보내 내부 분열을 일으켜 붕괴시키려고 했다. 부총무 김린이 일으킨 '유신회 사건'이 바로 그것이다.

김린은 일본 총독부의 명령을 받고 YMCA에 들어온 사람이었다. 그는 YMCA 안에 '유신회'라는 조직을 만들어서 한국 교회와 한국 YMCA를 일본 교회에 예속시키고, 간사로 있는 질레트 선교사를 쫓아내려고 음모를 꾸몄다.

그러나 그의 뜻대로 되지 않았고 결국은 그 음모가 드러나 YMCA에서 그를 파면하였다. 이에 화가 난 김린은 앙심을 품고 YMCA 안에 불량배들을 들여보내 행패를 부리고 지도자들을 구타하는 사건을 저질렀다.

이런 사건들을 치르면서 YMCA는 큰 타격을 입었다. 당시 부회장이던 윤치호는 체포되어 6년 실형을 언도받았고, 이승만과 김규식 등은 해외로 피신했으며, 회장도 사임하고 미국으로 떠나버렸으니 조직이 온전할 수가 없었다.

결국 YMCA는 이제 해체될 위기를 맞았다. 이때를 놓치지 않고 총독부에서는 압력을 가해왔다. 한국의 YMCA는 마땅히 일본의

YMCA와 합쳐야 한다는 것이었다.

"지금으로선 항거할 힘이 없으니 더 이상 마찰을 빚지 말고 합하도록 합시다."

"맞아요. 차선책을 따르는 것이 좋겠습니다."

"그럼 우선 일본 YMCA와 만나서 결론 짓기로 합시다."

이상재는 남궁억과 신흥우 등 몇몇 대표들을 이끌고 일본으로 건너가 그들과 의논하였다. 그리고 합의가 이루어졌다. '황성기독교청년회'는 '조선중앙기독교청년회'로 명칭을 바꾸고 한국 YMCA는 일본 YMCA와 동맹을 맺어 형제관계를 유지한다는 것이 골자였다. 하지만 그것은 어디까지나 겉으로 보이는 것일 뿐 실제로 그 내용은 한국 YMCA가 일본 YMCA의 산하에 들어간다는 것이었다.

이런 일들을 겪은 후, 이상재는 하나님께 기도하였다.

"오 하나님, 이 나라의 청년들이야말로 유일한 희망입니다. 제발 우리 YMCA를 버리지 말고 인도해주소서."

YMCA는 이제 파탄 상태나 다름없었다. 이상재 혼자의 힘으로는 버티는 일이 불가능했다. 그러나 이상재는 다시 한 번 불굴의 투지력을 발휘했다.

'만약 내가 주저앉으면 많은 젊은 회원들도 쓰러질 것이고, 그렇게 되면 이 나라의 마지막 희망의 등불은 꺼지고 만다. 그러니 어찌 내가 낙담할 수 있겠는가. 나는 힘이 없지만 살아 계신 하나님은 절

대로 우리 민족을 버리지 않고 기필코 당신의 뜻을 이루실 것이다.'

그의 마음에는 깊은 신앙심이 살아 숨쉬고 있었다.

한편 한국의 YMCA가 이처럼 약해지자 총독부는 안도의 한숨을 쉬었다. 데라우치 총독은 자신의 계획대로 된 것 때문에 기분이 좋았다. 그는 내무부장인 우사미와 자신만만한 대화를 나누었다.

"어떤가. 내 계획과 목표가 어느 정도는 이루어진 것 아닌가?"

"어느 정도가 아니라 모두 다 이루어진 것과 다름이 없지요. 하하하."

"이제 놈들은 설 자리를 잃게 되었지 않은가."

"그렇습니다. 이제는 그저 이름만 남았을 뿐입니다. 아직 마음에 걸리는 자가 하나 남아 있긴 하지만."

데라우치는 우사미의 마지막 말이 거슬렸다. 자신의 완벽한 일처리에 걸림돌처럼 느껴졌다.

"그 자가 누군가?"

"이상재입니다."

"그 자가 왜 마음에 걸리는 건가?"

"그는 다루기가 매우 까다롭습니다. 끈질긴 데다 쉽게 기가 죽지도 않지요. 아무튼 보통 사람은 아닙니다."

"그럼 어떤 구실을 대고 잡아들여 해치워버리면 되잖은가."

"그렇지요. 하지만 적당한 방법이 떠오르지 않습니다."

"염려 말게. 내 수완은 당할 자가 없으니까."

데라우치는 우사미에게 한참이나 귓속말을 하였다. 그러더니 한바탕 호탕하게 웃었다.

"어떤가, 잘 알아들었나?"

"그거 아주 좋은 방법입니다. 그 정도면 그 자도 틀림없이 넘어지고 말 것입니다. 총독 각하의 수완은 참으로 놀랍습니다."

"그럼 내일 당장 일을 시작하게!"

"예, 알겠습니다!"

그들이 사무실에서 쑥덕거린 다음날, 총독부 내무부장 우사미가 YMCA 사무실에 불쑥 나타났다.

"이 선생님, 이거 오랜만입니다."

"그러게요. 무척 오랜만이이군요."

반갑지 않은 손님이지만 이상재는 예의를 갖춰 그를 맞이했다.

"그동안 무척 늙으셨군요."

"세월을 이길 힘이 어디에 있습니까? 그런데 무슨 일로 오셨습니까? 그런 농담이나 하려고 온 것은 아닐텐데."

우사미는 편안한 자세를 잡으며 천천히 말을 이었다.

"사실 우리 데라우치 총독께서 이 선생님의 건강을 무척 염려하고 계시답니다."

"총독이 왜 내 건강을 걱정합니까?"

"이 선생님 나이가 이런 일을 하실 나이는 아니지 않습니까. 그러니 혹시 무리해서 건강에 탈이라도 나지 않을까 하는 것이지요."

이상재는 코웃음을 쳤다. 고양이가 쥐 걱정을 하고 있다니, 참으로 우스운 말 아닌가.

"총독께서 선생님을 걱정하여 이런 뜻을 전했습니다."

그러면서 우사미는 주머니에서 커다란 봉투를 하나 꺼내어 이상재 앞에다 내밀었다.

"이게 뭡니까?"

"많은 건 아니지만 선생님께서 고향으로 내려가서 땅이라도 좀 사고 여생을 평안히 보낼 수 있을 정도라고 했습니다."

이상재는 그 봉투를 노려보았다.

"받으십시오. 총독 각하의 배려입니다."

이상재는 그 모습이 하도 우스워 크게 껄껄 웃었다.

"나더러 이 돈을 가지고 내려가서 평안히 살라는 겁니까?"

"예, 5만 원입니다. 적지 않은 금액이지요."

당시에 5만 원이면 참으로 엄청난 금액이었다. 쌀 한 가마니에 3원 정도였으니, 지금으로 치면 30억에 해당하는 어마어마한 돈이다. 땅을 살 필요 없이 그 돈만 가지고도 앞으로 호화롭게 살고도 남을 정도였다. 데라우치는 이 정도의 돈이면 이상재도 무너질 것이라고 생각한 것이다.

그러나 그의 생각은 틀렸다. 이상재는 일본의 돈에 움직일 사람이 절대 아니었기 때문이다.

그는 즉시 자리를 박차고 벌떡 일어나 우사미를 노려보았다. 예상 밖의 행동에 우사미는 깜짝 놀라고 당황했다.

"아니, 이 선생님 이거 왜 이러십니까? 좀 진정하십시오."

"총독이 날 잘못 보셨소."

이상재는 돈 봉투를 바닥에 팽개치며 소리쳤다.

"이 돈 가지고 당장 나가시오. 그렇지 않으면 저 불에 집어던져버릴 거요!"

우사미는 돈 봉투를 집어들고는 일그러진 얼굴로 나갔다. 데라우치의 계략이 수포로 돌아가고 만 것이었다.

우사미가 돌아오자 데라우치 총독은 자신만만한 얼굴로 물었다.

"결과는 어때? 계획이 들어맞았지?"

"죄송합니다, 총독님."

"아니, 왜?"

"바늘 끝 하나 들어갈 자리도 없었습니다."

"허, 정말 대단한 사람이구만."

"청렴하기로 그만한 사람이 없을 정도입니다. 그런데다 성깔 또한 대단합니다."

데라우치는 어떤 수단을 써서든 일본에 대한 반항 세력을 꺾어버리고자 했다. 돈으로 매수하려던 일이 실패하자, 이번에는 다른 것으로 이상재를 꾀었다. 이상재에게 사람을 보내어 넌지시 총독부 산하의 법부대신 자리를 권한 것이다. 하지만 이번 일도 실패할 수밖에 없었다.

"나에게 법부대신 자리를 주겠다고? 나를 아직도 잘 모르는구나. 썩 물러가거라."

이런 일이 있은 후 이상재가 보통 사람이 아니라는 것이 세간에 알려졌고, 데라우치 총독도 그 기개에 눌려 더 이상 그를 매수하려 하지 않았다.

외국인들은 이 무렵부터 그의 이름 앞에 '성' 자를 붙여 '성(Saint) 이상재' 라 불렀고, 더러는 영국식 높임말인 '경' 자를 뒤에 붙여 '이상재 경'이라고 부르기도 하였다. 사람들의 존경심은 점점 높아져 '대인 이상재' 혹은 '한국의 톨스토이'라고 부르는 이까지도 있었다.

이상재는 YMCA를 도맡아 이끌면서부터 우선 교육사업에 주력하기 시작하였다. 교육 내용은 주로 공업 기술에 관한 것이었다.

한국 사람들은 이때까지만 해도 책을 읽고 벼슬길에 올라 출세하는 것만이 최고라 생각하며 노동은 천시하는 경향이 있었다. 이상재도 한때는 그런 생각을 가진 유학자였다.

그러나 그는 오랜 시간 동안 발전된 외국과 외국의 각종 기술을 접하고, 선교사들을 만나고 배우면서, 기술에 대한 생각이 서서히 바뀌었다. 기술을 천시하고 학문을 닦은 것만 최고로 여기는 사고방식을 망국의 병이라고 느꼈다.

그는 이제라도 젊은이들에게 여러 가지 기술을 가르쳐 삶의 현장에서 일할 수 있도록 했다. 그래서 청년들에게 늘 직업 교육, 생활교육, 기술 교육을 강조했다. 그가 교육사업을 통해 목공, 철공, 제판, 인쇄, 사진, 염색 등 실업 육성에 힘썼던 이유가 거기에 있었다.

그러나 무엇보다 그가 이룬 중요한 사업은 '기독교청년회 전국연합회'를 결성시킨 일이었다. 그동안 전국의 각급 학교 등에 분산되어 있던 YMCA 기구를 하나로 통합하여 힘을 뭉치도록 만들었던 것이다. 이때가 1914년의 일이었다.

그리고 같은 해에 그는 〈중앙청년회보〉라는 월간지를 펴내어 청년들을 선도하기도 했다. 이 월간지는 전국 청년들의 마음을 한데 모으는 데 커다란 역할을 했다. 그는 또한 틈만 나면 모여든 청중 앞에서 강연을 했는데, 그 내용의 대부분은 나라를 다시 일으켜 세우려면 정신부터 개혁해야 된다는 것이었다.

이상재가 YMCA 전국연합회를 결성했던 1914년에 제1차 세계대전이 발발하였다. 이제까지 국가들 사이에 국지적인 전쟁은 많았지만, 그처럼 세계적인 규모로 전쟁이 벌어진 것은 처음이었다. 이때 세계의 강대국들은 양대 세력으로 갈라져 싸우게 되었다. 영국, 프랑스, 러시아를 주축으로 한 세력을 이루고, 독일, 오스트리아, 이탈리아를 주축으로 다른 세력이 형성되었다. 일본은 즉시 영국 측에 가담하여 참전하였다. 하지만 일본의 참전은 유럽이 전쟁에 휩쓸려 있는 사이에 중국 대륙을 침략하는 것이 그 목적이었기 때문에 우리나라는 자연히 그 희생물이 될 수밖에 없었다.

이때부터 한국에서 일제 무단정치가 시작되었다. 무단정치란 일본 군대의 대장이 조선 총독이 되어서 일종의 군사 통치를 하는 것이었다. 조선 총독은 전국을 빈틈없이 통제하였다. 집회와 결사를 금지했고, 수많은 애국지사들을 체포하고 투옥하였다. 심지어 일반 문관과 학교의 교원들까지도 제복을 입고 칼을 차도록 명령하였다. 또 모든 민간단체를 해산시켰고, 어용 신문사만 두어 곳만 남겨두고 나머지 신문은 모두 폐간시켰다. 그리고 각급 학교에는 일본인 교사들만 배치시켜 강제로 일본어 교육과 일본 역사 교육을 시켰다.

하지만 그런 총독이라도 YMCA만은 해산시키지 못하고 강압 정책을 펴기만 하였다. YMCA는 순수한 종교 단체였을 뿐만 아니라 국제적으로 연결되어 있었기 때문에, 아무리 총독이라고 하더라도 함부로 압력을 가하지 못하고 신중히 다루었던 것이다.

제1차 세계대전이 계속되는 4년은 암흑기였다. 이때 이상재는 총무 자리를 윤치호에게 물려주고 뒤에서 도와주는 역할만 하였다. 그러나 총무 자리에 있을 때보다 강연회, 토론회, 직업 교육, 체육 사업, 농촌 사업, 심지어 음악회에 이르기까지 모든 사업을 돌보며 더 세심하게 배려하며 일했다.

어느 날 강연회 때였다. 이날은 청중이 다른 때보다도 훨씬 많았다. 이들을 감시하는 일본 형사들의 수도 더 많았다. 단상에 오른 이상재는 청중 가운데 일본 앞잡이와 형사가 많이 섞여 있다는 것을 곧 알아챘다. 그들은 자기들 신분을 철저히 숨기려 했으나 이상재의 매서운 눈을 피할 수 없었다. 이상재는 청중을 향해 큰 소리로 외쳤다.

"지금은 봄철이 아닌데도 어찌하여 여기에는 이처럼 개나리꽃이 많이 피었답니까?"

이 말을 처음부터 이해하는 사람은 별로 없었다. 그러나 이내 장내는 웃음판으로 바뀌었고, 형사들은 슬슬 꽁무니를 빼면서 강연회장을 빠져나가기 시작했다. 당시 사람들은 형사들을 '개'라고 불렀고 경찰은 '나리'라고 불렀다. 이에 이상재가 기지를 발휘했던 것이다.

이상재의 재치는 어디에서나 사람들을 즐겁게 해주곤 하였다. 한번은 미국의 유명한 인류학자인 스타 박사가 한국에 와서 강연을 했다. 그때 현동완이 그를 찾아왔다.

"스타 박사님이 강연회 전에 이 선생님을 뵙고 싶다고 합니다. 가보셔야 하지 않겠습니까?"

그러자 이상재는 우스갯소리로 대꾸하였다.

"밝은 대낮에 무슨 별(스타, star)이 나타나? 이름이 어떻게 잘못된 것 아닌가?"

이 말을 전해들은 스타 박사는 다음과 같이 말했다.

"이 나라에도 그처럼 유머감각이 뛰어난 사람이 있는 줄 미처 몰랐습니다."

이상재는 체육에도 큰 관심을 가지고 있었다. 그 당시는 운동을 천시했기 때문에 체육에 관심을 갖고 있다는 것은 보통 일이 아니었다. 당시 장거리 달리기 선수 김홍식은 거리에서 달리기 연습을 하다가 누군가가 비난하는 소리를 듣고 운동을 그만두어버렸다. 기분이 몹시 상한 것이었다. 이 말을 전해들은 이상재는 즉시 그를 찾아갔다.

"자네가 잘 달린다는 말은 들었지만 전차보다는 못하겠지?"

당시의 전차는 지금의 기차나 지하철과는 달리 빠르지 않았다. 그러자 김홍식은 흥분하면서 소리쳤다.

"선생님은 모르시는 말씀입니다, 제가 전차보다 더 빠릅니다."

"그럼 나하고 내기를 한번 해볼까?"

"문제 없습니다. 얼마든지 내기를 하죠."

이상재는 자기가 직접 전차를 타고서 김홍식과 내기 달리기를 했다.

"잘 뛴다. 정말 잘 뛰어."

이상재는 전차를 앞서 달리는 김홍식을 따라가면서 그를 격려했다. 내기를 하자고 한 것은 낙심한 김홍식에게 용기를 불어넣어주기 위함이었다.

이상재는 이렇게 세심하게 청년들 하나 하나, 사업들 하나 하나 돌보며 자신을 바쳤다.

칼로 흥한 자는 칼로 망한다

나라 안에는 처음부터 매국노들이 많았지만 한일합방 이후로 변절한 자들도 많았다. 그리고 비록 변절하지는 않았다 할지라도 일본 천황이 작위를 내리자 그것을 받은 사람들도 많았다. 그러나 이상재는 천황이 내려준 작위도 거절하였다.

조선총독부가 한국의 지도자급 인사들을 매수하는 일은 종종 있었다. 당시의 총독은 반일사상이 강한 이들의 마음을 사기 위하여 소위 '일본 시찰단'을 구성하고 일본으로 보내곤 했다.

'이 좁은 조선 반도에서 아무리 내로라하는 자들이라도 지금 한창 강대국으로 발전하고 있는 일본에 가서 직접 보고 오면 기가 죽고 생각이 달라질 거야.'

이런 생각으로 일본 시찰단이 계획된 것이다.

이 계획은 이상재에게도 실행되었다. 어느 날 총독부에서 왔다며

한 사람이 이상재를 방문했다. 총독부가 눈엣가시처럼 여기는 이상재를 찾아간 것은 그도 일본 시찰단에 넣기 위해서였다.

"이 선생님, 이번에 우리 총독부에서 좋은 계획을 하나 구상했습니다. 일본 시찰단을 구성하여 파견하기로 했지요."

"무슨 목적입니까?"

"앞으로 조선 반도를 발전시키려면 아무래도 먼저 발전한 곳을 견학하는 일이 필요하지 않겠습니까?"

그럴듯한 핑계였다. 그러나 이상재가 그들의 속셈을 모를 리 없었다.

"이 선생님께서도 이런 좋은 기회에 한번 다녀오셔야지요."

이상재는 잠시 생각하더니 승낙했다.

"알겠습니다. 그렇게 말씀하시니 저도 가겠습니다. 좋은 기회를 놓칠 수는 없지요."

"정말 고맙습니다."

총독부는 자신들의 계획이 맞아떨어진다며 좋아했다. 그러나 이상재는 그들의 속셈을 알면서도 허락했다. 그에게 또한 다른 생각이 있었기 때문이다. 일본을 이기려면 일본을 더 잘 알아야 한다고 생각했다. 그러니 일본을 좀 더 자세히 알기 위해서 이보다 더 좋은 기회는 없었다.

이렇게 하여 이상재도 시찰단의 일원으로 일본으로 향했다.

당시 일본은 일찍부터 서양의 문물을 받아들여 하루가 다르게 번창하고 있었다. 일본에 도착한 시찰단은 여러 도시와 근대식 학교 등을 두루 돌아보았다. 지금까지 한 번도 보지 못했던 새로운 문물들을 접하며 깜짝 놀랐다.

"정말 굉장하군."

"이렇게 엄청날 줄이야."

이런 탄성이 들릴 때마다 시찰단을 안내하는 일본 관리들은 어깨가 으쓱거렸다. 자기들의 의도대로 되어가고 있었기 때문이다. 그러나 이상재는 시종일관 무표정했다. 아니 어떤 때는 오히려 그의 얼굴에 어두운 그늘이 스쳐 지나갔다.

'만약 갑신정변이 성공했더라면 우리 대한민국이 지금처럼 뒤떨어지지는 않았을 거야. 아니, 성공했더라면 지금 일본의 식민지가 되지도 않았을테지.'

일본의 거대한 건물들과 새로운 문물들을 접할 때마다 그런 생각이 떠올랐다.

일본의 관리들은 여러 명승지까지 시찰단에게 보여주고 나서 이상재를 향해 물었다.

"이 선생님, 어떻습니까. 우리 일본을 둘러보고 난 소감 좀 말씀해주십시오."

"모든 것이 새롭습니다. 마치 새어머니를 만나는 기분이군요."

이상재가 이렇게 말하자 일본 관리들은 손뼉을 치면서 환호했다.

까다롭던 이상재가 일본 시찰 한 번으로 이렇게 바뀐 것은 기대 이상의 반응이었기 때문이다.

하지만 이상재는 곧바로 일본 관리들의 마음을 불편하게 하는 말을 했다.

"그러나 난 당신들처럼 기뻐할 수가 없습니다."

"왜 그렇습니까?"

"내가 여기 와서 새어머니를 만나보니, 오히려 나의 친어머니가 가슴에 사무치도록 생각났기 때문입니다. 아무리 새어머니가 좋다 한들 친어머니만 하겠습니까?"

일본 관리들은 이상재의 말에 할 말을 잃었다.

시찰단은 마지막으로 동경에 있는 가장 큰 병기창과 군수공장을 구경하였다. 그곳에는 이제까지 한 번도 본 적이 없는 새로운 무기들이 산더미처럼 쌓여 있었다.

'이상재란 놈도 이번만은 주눅이 들 거야. 이런 엄청난 무기들을 보고서 놀라지 않을 자가 없지.'

이곳 병기창은 일본 관리들이 시찰단에게서 제일 큰 효과를 기대하던 자리였다.

'자, 똑똑히 봐라. 이런 무기들을 보고서도 너희가 우리 일본에게 항거하겠다고 나서겠느냐. 어림없는 일이지.'

그런 치밀한 계산이 짜여 있었다. 예상대로 시찰단 일행은 모두가 놀라며 그 엄청난 규모에 기가 죽는 것 같았다. 그런데 이상재만은 그 속을 알 수 없었다. 그는 내내 무표정했기 때문이다.

그날 밤, 도쿄 시장이 베푸는 환영 만찬석에서 이상재는 아까의

속마음을 드러냈다.

시장이 거드름을 피우면서 일본제국의 힘을 자랑하고 찬양했다.

"우리 일본 제국이 세계를 제패하는 일도 이제 시간문제입니다. 여러분도 보셨을 것입니다. 막강한 무기와 힘을!"

시장은 시찰단을 둘러보면서 말을 이었다.

"일본 제국을 둘러보고 난 시찰단의 소감을 한마디씩 들어봅시다. 특히 오늘 병기창을 보고 난 소감이 더욱 기대되는군요."

그러자 자리에 둘러앉아 있던 시찰단들은 한 명씩 일어나 차례대로 한마디씩 하였다. 거의가 일본을 찬양하는 말들이었다.

"일본제국은 과연 대단합니다."

"오늘 병기창을 보면서 일본의 힘을 다시 한 번 확인했습니다."

"일본의 위대함은 곧 우리의 영광입니다."

차례가 되자 이상재는 자리에서 천천히 몸을 일으켰다. 시장을 비롯하여 일본의 관리들은 일제히 그를 주시하였다. 그는 주위를 잠시 둘러본 후 무겁게 입을 열었다.

"나는 오늘 병기창을 둘러보면서 놀라지 않을 수 없었습니다. 대포와 총들이 산더미처럼 쌓여 있는 것을 보면서 과연 일본의 힘이 얼마나 막강한가를 알게 되었지요."

일본 관리들은 이제 이상재도 마음을 돌렸다고 생각했다. 이상재가 일본을 찬양하는 것이라고 착각한 것이다. 그는 말을 이었다.

"그런데 내가 정작 정말 놀란 것은 병기창이 아니라 다른 것이었습니다."

"다른 것라니요?"

"성경을 펼쳐보면 '칼로 흥한 자는 칼로 망한다'(마 26:52 참조)라는 말씀이 기록되어 있습니다. 이 말씀을 생각해보니 일본의 수명은 그리 길 것 같지는 않습니다."

만찬장에는 긴장감이 감돌았다. 일본 관리들은 낯빛이 변했다. 어떤 이는 자리를 박차고 일어나기도 했다.

"뭐, 뭐라고?"

"그게 무슨 소리냐!"

"도대체 무슨 배짱으로 그런 막말을 하는가!"

이상재는 조금도 동요되지 않았다. 아니, 도리어 더 당당했다.

"왜들 이러십니까. 제가 한 말이 아니라 성경에 있는 말일 따름입니다."

일본 시찰에서의 마지막 일정으로 이상재는 동경에 있는 '조선인 YMCA'에 들렀다. 이곳에서 지내던 한국인 유학생들이 그에게 강연을 요청해왔기 때문이다. 강연장에는 청년들로 가득 차 있었다. 그들은 이상재가 어떤 사람인지 벌써 잘 알고 있었다.

이윽고 이상재는 단상으로 올라섰다. 그는 청중들을 주욱 둘러본 후 느닷없이 크게 웃기 시작했다. 갑작스러운 웃음소리에 청년들은 놀라지 않을 수 없었다. 하지만 이런 괴이한 행동은 다음 순간 흐느낌으로 변했다.

"으흐흐흑…."

도저히 이해할 수 없는 상황이었다. 정신이상이 아니고야 강연장 단상에서 웃음과 울음을 동시에 터뜨리다니…. 이상재의 알 수 없는 이런 흐느낌은 한동안 계속되었다. 젊은 청중들은 긴장된 표정으로 이상재를 바라보면서 숨을 죽이고 있었다.

이윽고 이상재는 흐르는 눈물을 손으로 훔치며 천천히 말문을 열었다.

"내가 여기 올라 서기 직전까지만 해도 이렇게 웃고 울고 할 줄은 몰랐습니다. 하지만 여러분이 지금 내 심경을 듣는다면 아마도 공감을 할 것입니다."

그는 말을 이었다.

"현재 여러분이 앉아 있는 이 자리는 몇 년 전만 해도 우리 한국의 공사관이었습니다. 이곳에 서서 지금까지의 일을 생각하니 북받쳐 오르는 격정을 참을 수 없었습니다. 그리고 여러 젊은이들을 여기서 만나보니 마치 부모를 잃은 불쌍한 고아들 같아 더욱 울음을 참을 수 없었습니다. 세상천지는 넓은데 우리는 조국을 잃어버리고 말았으니, 어떻게 잃어버린 조국을 찾을 수 있겠습니까?"

이 말을 듣고 이번에는 청중들이 흐느끼기 시작했다. 나라 잃은 젊은이들의 설움이 일시에 터진 것이다.

이상재의 모든 말과 움직임, 행동들은 민족혼을 일깨우는 일이었다. 그는 때와 장소를 가리지 않고 동족을 만나면 온몸으로 민족정신을 호소하였다. 이런 일에 그의 타고난 기지와 해학은 큰 몫을 하기도 하였다.

한일합방이 되고 나서 얼마 후의 일이었다. 이완용은 조선미술협회를 창립하고 그 창립식에 이상재를 초청하였다.

"부디 왕림해주시기 바랍니다."

상대가 나라를 팔아치운 매국노였지만 이상재는 그 초청에 응했다. 식장에는 이토 히로부미 통감을 시작으로 일본의 고관들이 참석해 있었고, 친일파 사람들도 많이 참석해 있었다.

이윽고 창립식이 끝나고 연회가 시작되었다. 이완용과 동료 송병준이 이토 히로부미 곁에 자리를 잡고 앉아 있었다. 바로 그때, 이완용과 송병준을 바라보던 이상재가 그들 곁으로 다가가서 큰 소리로 말했다.

"어허, 두 대감은 어서 도쿄로 이사를 해야겠군요."

두 사람은 어쩔 줄 몰라했다. 그 자리에 많은 일본 관리와 고위 관리들이 있었는데, 그런 가운데에서도 이상재는 큰 목소리로 말하니 당황한 것이다.

그러다가 송병준이 대꾸하였다.

"이 선생님, 그게 무슨 말씀입니까? 우리가 왜 도쿄로 이사를 갑니까?"

"내 말이 틀렸나요? 당신네 두 사람이 나라를 망치는 데는 천재적인 두뇌를 지녔잖소. 그러니 두 대감이 도쿄로 이사를 가면 일본도 곧 망할 것 아닙니까?"

그러자 두 사람은 금방 얼굴이 벌게지며 어찌할 줄 몰랐다. 물론 그 자리에 참석한 일본 관리들 역시 어처구니없기는 마찬가지였다.

또 한 번은 일본 헌병 사령관의 초청을 받고서 큰 연회에 참석했을 때의 일이다.

"어서 오십시오, 이상재 선생님."

"초청해주셔서 감사합니다."

"감사하긴요. 도리어 와주셔서 감사합니다."

여기까지 말하고 난 사령관은 몇 번 콜록거리더니 말을 이었다.

"제가 요즘 감기가 걸려서 고생하고 있습니다. 그러니 제가 기침을 하더라도 양해해주십시오."

그 말을 들은 이상재는 이렇게 쏘아붙였다.

"사령관님, 그 감기는 대포로 쏘아서 잡지 못하나요?"

"네? 그게 무슨 말씀인지…."

"지금 일본은 대포 하나면 못할 일이 없다고 하던데, 그깟 감기쯤이야 아무것도 아니잖소."

헌병 사령관은 이상재의 비꼬는 말에 아무 말도 할 수 없었다.

무저항 투쟁의 지도자

이상재는 외국을 많이 드나들었어도 한 번도 양복이란 걸 입어본 적이 없었다. 언제나 한복에 갓을 쓰고 다녔다. 그러다가 서양의 문물이 급속히 밀려들자 갓 대신 중산모라는 모자만 썼는데, 그것도 겨울이면 남바위를 쓰고 그 위에 중산모를 쓰곤 하였다. 그런 차림으로 길을 나서면 사람들은 그 모습을 보고 웃곤 했다. 그래도 그는 아랑곳하지 않았다.

어느 날이었다. 그가 그런 차림으로 YMCA 사무실을 들어서자 한 젊은이가 웃으면서 말했다.

"선생님, 남바위 위에다 중산모를 쓰고 다니니까 정말 이상하게 보입니다. 어떻게 차림을 고쳐볼 수 없을까요?"

그러자 이상재는 한바탕 웃더니 대꾸하였다.

"그럼 중산모를 먼저 쓰고 나서 그 위에다 남바위를 쓸까?"

사실 그것은 더 우스운 차림이었다. 그렇게 해서도 이상재는 끝까지 한국 전통을 고수했다. 이는 끝까지 민족혼을 지키려는 그의 일념이기도 하였다.

1919년 3월 1일

삼천리 방방곡곡은 만세 소리로 진동하였다. 한일합방 이후 10년 동안 억눌려왔던 우리 겨레의 울분이 한꺼번에 터져나왔다. 이 만세 운동에서 어느 누구 하나도 폭력을 쓰는 사람이 없었다. 그 어떤 민족이 폭력을 쓰지 않고 한 사람의 예외도 없이 일사분란하게 민족운동을 할 수 있을까?

독립선언문을 기초한 최남선은 무저항정신에 대해서 이렇게 말하였다.

> 나는 당시에 헌신적인 기독교 신자는 아니었으나 나에게서 기독교 사상을 빼고 나면 아무것도 남지 않았다. 나는 신구약성경을 즐겨 읽었고, 특히 외경을 읽다가 무저항정신을 깨달았다.

변영로는 1957년에 충남 한산에서 경기도 양주 땅으로 이상재의 무덤을 옮길 때 손수 묘비를 쓰면서 이렇게 밝혔다.

> 그중 특기할 것은 3 · 1운동의 방법을 지정하신 것이다. 그때 천도

교주 의암 손병희 선생과 함께 모의를 거듭하실 때 다수인은 한결같이 살육을 주장하였으나 오직 선생이 남을 살육하느니보다 우리가 죽기로 항거하여 대의를 세움만 같이 못하다고 제의하셨다. 그리하여 무저항 비폭력의 혁명운동으로 처음 전개되어 인류역사상에 우리가 영광스러운 사적을 가지게 되었던 것이다.

1903년, 감옥에서 그를 결정적으로 변화시켜 하나님 앞으로 인도했던 말씀 "악한 자를 대적하지 마라"(마 5:39), "너희 원수를 사랑하며 너희를 박해하는 자를 위하여 기도하라"(마 5:44)는 말씀이 바탕이 되었던 것이다.

언젠가 그는 〈칭년〉지를 통하여 다음과 같은 말을 하였다.

현대 세계의 정황을 보라. 무기로 단단히 무장한 군대가 자기 국민에게 행복을 가져다주고 있는가? 날카로운 창칼이 자기 민족에게 활로를 열어주고 있는가? 폭탄과 대포가 자기 겨레의 운명을 연장시켜주고 있는가? 예수 그리스도께서는 "나라가 나라를 대적하고 민족이 민족을 대적하여 서로 치게 되면 마지막 날이 오게 될 것이지만, 그러나 끝까지 참는 자는 구원을 얻으리라"(마 24:7-13 참조)라고 말씀하였다. 우리는 이 말씀을 마음에 깊이 새겨야 한다.

그러나 한 가지 의문은, 독립선언서에 민족 대표 33인이 서명했는데 거기에 왜 이상재의 이름이 들어 있지 않았을까 하는 것이다. 이런 일에 대하여 당시 이상재가 목숨이 아까워서 뒤로 물러섰다느니하는 억측이 나돌기도 하였다.

그러나 이런 일의 배후에는 그럴 만한 이유가 있었다. 당시 민족 지도자들이 이상재의 이름을 반드시 넣어야 한다고 주장했으나 함태영이 이런 이유로 반대했다.

"우리 만세운동이 실행되면 이때 독립선언문을 가지고 일본 정부와 맞서야 할 사람이 있어야 합니다. 그리고 이런 일에는 나설 만한 사람이 이상재 선생밖에 없습니다. 그러니 그의 이름은 빼야 합니다. 만약 우리 모두 붙잡혀 감옥에 갇힌다면 누가 나서서 이런 일을 실행할 것입니까."

그의 말은 옳았다. 만세운동에 대하여 일본 정부와 담판을 벌일 만한 인물은 그밖에 없었다. 그래서 선언문의 민족 대표 명단에 그의 이름은 올라가지 않았던 것이다.

3·1운동이 일어나자 이상재도 체포되어 검사 앞으로 끌려가게 되었다.

"이 운동을 맨 먼저 주도한 사람이 누군가?"

"우리 2천 만 민족이 다함께 시작하였소이다."

"구체적으로 선동한 자가 있을 것 아닌가?"

"이 운동의 선동자는 만군의 하나님이시오."

"똑바로 말해라. 그대가 한 짓 아닌가?"

"당연히 나도 했소."

"모의자들을 대라!"

"만세운동은 각자가 자발적으로 나서서 한 것이지 모의자는 따로 없소이다."

"거짓말하지 마. 분명히 뒤에 배후가 있을 거 아냐!"

"그런 것은 없소. 잘못이 있다면 당신네 일본 경찰이 2만 명이나 전국에 깔려 있으면서도 우리 계획을 사전에 알아채지 못한 데 있는 것 아니오."

흥분한 검사의 심문은 계속됐다. 그러나 이상재의 답변에서 어떤 단서도 잡지 못했다. 그리고 얼마 후 이상재는 석방됐다.

3·1 만세운동은 일본의 강제 진압으로 실패로 끝났다. 그래서 우리 겨레는 또 한 번 절망에 빠졌다.

이 일이 있은 직후, YMCA의 신흥우는 미국으로 건너갔다. 미국 감리교 총회에 참석한다는 명목으로 갔으나, 실제 목적은 한국인에 대한 일본 정부의 탄압을 폭로하려는 것이었다. 신흥우는 그곳에 도착하자마자 미국 기독교회 협의회 실행위원들 앞에서 세 시간에 걸쳐 일본의 만행을 낱낱이 폭로하였다. 이런 진상을 듣고 난 미국 기독교회 협의회는 즉시 다음과 같은 성명서를 발표하였다.

> 우리 미국 교회는 정치적인 문제엔 조금도 간섭할 생각이 없다. 그러나 세계 어디에서든 인권과 정의가 무시되고 억압받는 일에 대해서는 침묵할 수 없다. 그래서 우리는 얼마 전 한국 안에서 일어난 비인도적인 사건과, 그리고 종교와 개인의 자유가 박탈당하고 인권이 유린된 상황에 대해 절대로 방관할 수 없다는 사실을 밝혀 두는 바이다.

이 성명서로 인해 일본으로부터 반드시 한국을 독립시켜야 한다는 희망을 표명한 결의안이 미국 국회에 상정되었다. 그리고 그 결과, 미국 정부는 마침내 상하 양원 국회의원 50명으로 구성된 극동 시찰단을 파견하게 되었다. 이 시찰단은 중국을 거쳐 한국을 방문하기로 되어 있었기 때문에 상하이 임시정부 요인들은 치밀한 외교 활동을 펼 준비를 했고, 국내에서도 YMCA가 주동이 되어 미국 의원 시찰단 환영회를 조직하고 시위까지 계획하는 등 바쁘게 움직였다.

그러나 일본은 이런 움직임을 사전에 알아챘다. 그래서 시찰단이 한국에 도착했을 때, 무장경찰을 동원하여 누구와도 접촉할 수 없도록 철저히 봉쇄하였다. 이상재는 이대로 당하고만 있을 수 없다고 생각했다. 그는 일본의 삼엄한 방어망을 뚫고 시찰단 일행 중 하나인 허스만 의원을 단독으로 빼돌려 YMCA 사무실에 도착할 수 있게 했다. 그 결과 허스만 의원에게 일제의 만행을 좀 더 자세히 알리는 성과를 거두었다.

복음적 민족주의

이상재는 1920년에 들어서면서 YMCA 명예총무직과 함께 전국연합회 회장직을 겸하게 되었다. 그는 일흔한 살의 고령이었으나 정신력과 투지는 여느 젊은이 못지않았다.

어느 날 총독부의 어용신문인 〈경성일보〉의 기자가 찾아와서 이상재에게 넌지시 물었다.

"선생님, 무척 건강해 보이십니다. 일본의 오구마 선생은 자신이 125살까지는 살 수 있다고 장담했고 중국의 오정방 선생은 자신이 150살까지는 살 수 있다고 했는데, 이 선생님은 몇 살까지나 살 수 있을 것 같으십니까?"

어떤 약점이라도 잡아낼까 싶어 던진 질문이었다. 이상재가 기자의 속셈을 모를 리가 없었다.

"사람이 세상에 한 번 태어났으면 죽지 않고 영원히 살아야지 왜 125살, 150살만 살고 죽어야겠소?"

"그게 무슨 말씀입니까?"

"성경을 한번 읽어보시오. 거기에는 "믿는 자는 죽어도 영원히 산다"(요 11:25,26 참조)라고 했거든. 내 몸은 비록 늙었지만 기독교 신자는 영원히 죽지 않는다오."

그는 운명하는 순간까지 "나는 영원한 젊은이이다"라고 외쳤다. 이상재의 이런 정신을 기리기 위하여 성재 이관구는 한산중학교 뜰에 세운 월남 이상재 선생의 동상 하단에다 다음과 같은 글을 지어 새겼다.

흰 터럭 푸른 마음
구원의 청년이여
앞 뒤 절벽 어둠 길에
횃불 밝힌 거인이여
한 팔로는 기우는
국운을 떠받치며
또 한 팔로는 희망찬
젊은 일꾼들을 이끌며
겨레 위해 싸워내신
위대한 그 모습
이제 이 자리에
우러러 모신다

이상재는 젊은이들을 몹시 아끼고 사랑했다. 그래서 그의 곁에는 젊은이들이 끊임없이 모여들었다. 그가 YMCA의 총무를 맡고 있을 때, 김규식이 그의 집을 방문한 적이 있었다. 그날 어떤 청년이 이상재의 집을 찾아와서는 두툼한 돈 봉투 하나를 말없이 내밀었다.

"선생님께서 차가운 방에서 고생하시는 것을 보고 너무 안타까워 약간의 돈을 가져왔습니다. 이것으로 땔감과 양식을 좀 마련하십시오."

"정말 고마우이. 그럼 잘 받겠네."

이상재는 돈 봉투를 받아 깔고 있던 방석 밑에 넣었다. 그런데 잠시 후에 또 어떤 청년이 찾아왔다.

"좀 어려운 일이 생겨서 선생님을 찾아뵈었습니다."

"어려운 일이라니?"

"제가 이번에 동경으로 유학을 떠나고자 하는데…."

청년은 차마 뒷말을 하지 못했다.

"그래서?"

"여비조차 없는 실정입니다. 그래서 생각다 못해 어떤 대책이 없을까 하고…."

"나에게 물으러 왔다 그 말이지?"

"그렇습니다."

"그럼 됐네."

이상재는 그렇게 대꾸하고 방금 전에 받은 돈 봉투를 꺼내어 건네주면서 말을 이었다.

"이것으로 여비를 하게나."

"선생님, 이러려고 찾아온 것이 아닙니다."

"염려 말게. 내가 미리 마련해둔 거니까."

"정말 감사합니다."

"공부나 잘하고 돌아오게."

"예, 이 은혜 잊지 않겠습니다."

이 청년은 몹시 감격하며 물러갔다. 이것을 본 김규식이 난처한 표정을 지으면서 물었다.

"선생님, 그 돈을 주어버렸으니 무엇으로 땔감과 양식을 구하시렵니까?"

그러자 이상재는 태연히 대답했다.

"돈은 우선 필요한 사람부터 써야 하는 것 아닌가. 내 사정을 아는 사람이 있으면 누가 또 가져다주겠지."

그는 〈청년〉지 논설을 통해 젊은이들에게 이렇게 호소한 바도 있었다.

> 오, 젊은이들이여! 지금이 어느 시대인지 아는가. 현 시대야말로 혁명의 시대가 아니고 무엇이겠는가. 혁명은 과거를 위해 필요한 것이 아니라 미래를 위해 필요한 것이다. 그렇다면 오늘의 젊은이들에게 지워진 사명의 책임감은 얼마나 큰 것이겠는가. 장래를 위한 혁명을 그대들밖에 또 누가 해내겠는가. 오늘의 우리나라 형편이 그렇듯 지금 전 세계의 상황도 알고 보면 백척간두(百尺竿頭)★에

★ 백척간두 100자나 되는 높은 장대 위에 올라섰다는 뜻으로, 더할 수 없이 어렵고 위태로운 지경을 이르는 말이다.

서 있는 실정이다. 각국 나라가 전쟁만을 위해 무기 경쟁에 혈안이 되어 있는 지경을 보라. 치열한 경쟁 속에 있는 세계를 보라. 이런 시대에 우리 젊은이들이 깨어나지 않는다면 암흑세계에 여명의 빛을 던져줄 이 누구겠는가.

우리는 누구나 자기 민족을 아끼고 사랑해야 한다. 이는 마치 한 집에서 자기의 부모와 형제가 사랑하는 법과 마찬가지이다. 부모에 대한 효도를 모르고 형제간의 우애를 모르고서야 어찌 인륜의 도리를 실행할 수 있겠는가. 그러나 자기 민족을 사랑한다고 남의 민족을 배척하거나 다른 민족을 무자비하게 살상해도 된다고 여긴다면 그것은 큰 오류이다. 왜냐하면 이런 일은 자기 부모를 위해서 남의 부모를 무자비하게 짓밟는 만행과 같기 때문이다.

무릇 한 민족이 존립할 수 있는 것은 그 이웃에 다른 많은 민족들이 존재하기 때문이라는 것을 알아야 한다. 남이 있음으로써 나도 살아갈 수 있는 것처럼, 민족의 존립도 마찬가지인 것이다. 그러므로 우리는 내 민족을 사랑하듯 다른 민족도 사랑해야 하고, 내 민족의 안녕을 도모하기 위해 다른 민족의 평화도 도모해야 하는 것이다.

그러나 지금 우리나라 안에서의 일본의 만행을 보라. 도저히 참기 어려울 만큼 우리를 짓밟고 나아가서 세계평화까지 위협하고 있지 않은가. 이런 상황에서 오늘 우리 젊은이들이 무슨 일을 해야 하겠는가. 우선 우리부터 잘못된 민족주의의 아집에서 벗어나 온 인류에게 희망을 가져다줄 수 있는 하늘의 인애를 추구해야 하지 않겠는가.

오, 젊은이들이여! 지금 무엇이 필요한 시대인지 아는가. 우리가 먼저 깨어나 세계사적인 정신혁명을 수행해야 할 때이다.

이상재의 민족주의는 나만 아는 민족주의가 아니라 인류와 더불어 평화를 도모하면서 살기를 바라는, 자기를 넓게 개방하는 민족주의였다. 내가 살려면 남도 살려야 한다는 민족주의, 이러한 그의 민족주의 정신은 예수님의 정신이기도 했다. 그는 마치 찔레나무에 장미를 접붙여 아름다운 꽃송이들을 피워내듯, 우리 고유의 민족주의에 예수님의 정신을 접붙여 전 세계 인류와 더불어 평화를 누려야 한다는 복음적인 민족주의를 피워냈던 것이다.

이상재는 우리 겨레를 무척 사랑했지만 마음의 그릇이 컸기 때문에 일본 사람들 가운데서도 그를 존경하는 사람이 많았다. 1923년 일본에 대지진이 일어났을 때, 일본 사람들은 재난을 한국인들 탓으로 돌리며 우리 학생들과 노동자들을 학살했다.

이때 양심적인 의사였던 일본인 가와가미 씨는 한국인 부상자들을 자기 병원으로 데려가 무료로 치료해주었다. 부상당한 한 청년이 그에게 물었다.

"당신은 일본 사람이면서 어찌하여 우리 한국인에게 이런 자선을 베풉니까?"

그러자 그는 안으로 들어가서 커다란 족자 하나를 가지고 나와 보여주었다. "어떤 일이든 진리 밖에서 구하면 안 된다"는 글자가 새겨진, 이상재의 낙관이 찍힌 족자였다.

그는 이렇게 말했다.

"나는 이상재 선생을 무척 존경하는 사람입니다. 그 분은 많은 사람의 거울이지요."

그가 떠나던 날

독립만세운동의 실패로 전 국민은 좌절에 빠져 있었다. 이상재 또한 절망했다.

그러나 그는 이런 때일수록 젊은이들을 올바르게 인도해야 한다는 신념이 더욱 강해졌다. 그래서 그는 몇몇 동지들과 힘을 합해 민립대학을 세우고자 계획하기 시작했다. 우리나라 젊은이들을 위한 인재 교육 기관이 절대적으로 필요했기 때문이었다. 그러자 일본 정부는 즉시 방해 공작을 폈고, 그 대안으로 경성제국대학교를 설립했다. 그야말로 철저히 식민 교육만을 시키자는 의도였다.

민립대학 설립계획이 무산되자 많은 후원자들은 낙심하였다. 그러나 이상재는 언젠가는 때가 올 것이라는 신념을 굽히지 않았다.

일제는 경성제국대학교 개교식에 이상재를 초청했다. 주위 사람들은 누구나 그들의 행동에 분통을 터뜨렸다. 하지만 초청장을 받아든 이상재의 태도는 달랐다.

“왜들 이렇게 흥분하는 것인가?”

“그럼 선생님께서는 초청에 응하실 생각인가요?”

“초청장을 받았으면 당연히 가야지.”

“선생님이 그곳에 가실 줄은 몰랐습니다. 우리 계획을 방해하고 세운 학교에 무엇하러 가려 합니까.”

“어허, 모두들 눈앞의 일만 보지 말게나. 저 경성제국대학교도 언젠가는 우리가 독립을 하면 우리의 것이 되지 않겠는가. 그러니까 우리 대학교 개교식과 마찬가지 아닌가.”

그때서야 주위 사람들은 이상재의 보이지 않는 신념에 감탄하지 않을 수 없었다.

그는 1922년 베이징에서 열린 세계 학생 기독교청년연맹 대회에 참석하여 한국 YMCA가 단독으로 국제 YMCA 연맹에 가입할 수 있게 해달라고 각국 YMCA 대표들을 설득했다. 그리고 일본 YMCA 대표를 만나 담판하였다.

“국제 YMCA 기구는 어디까지나 전 세계에 예수 그리스도의 정신을 드러내자는 데 그 목적이 있습니다. 그런데 우리 한국 YMCA만이 일본에 예속되어 정신적 자유를 빼앗기고 있으니 어디 말이 됩니까. 그러니 당장 지금의 법조문을 고쳐야 합니다.”

결국 그의 뜻대로 한국 YMCA는 단독으로 국제 YMCA연맹에 가입하여 더 이상 일본에 속박되지 않고 직접 국제기구와 관계할 수 있게 되었다. 그 당시 YMCA는 한국에서 유일하게 일본의 지배에서 벗어난 기구였다고 할 수 있다.

이 기간 중 그는 상하이에 있는 임시정부로부터 뜻밖의 요청을 받았다. 임시정부에서 일을 맡아달라는 것이었다.

"선생님, 아주 좋은 기회입니다. 여기까지 오셨으니 아예 망명하십시오. 그리고 임시정부에서 일을 좀 해주십시오. 현재 우리 임시정부를 이끌어갈 만한 사람이 없습니다. 그러니 우리와 함께하셨으면 합니다."

"그러니까 나더러 임시정부 수반을 맡아 달라는 겁니까?"

"네, 그렇습니다."

이상재는 머리를 가로저으며 말을 이었다.

"안 될 일입니다. 나까지 조국에서 빠져나오면 안에서는 누가 일합니까? 국외에서 일하는 것도 중요하지만 국내에서 일하는 것은 더욱 중요합니다."

사실 이상재는 젊은이들에게 등대와도 같은 존재였다. YMCA를 완전히 독립시키고 난 이상재는 이때부터 '새로운 시대에 적응하라' 라는 주제를 내걸고 전도 강연에 주력하였다.

> 성경은 만물의 마지막 때가 가까웠다고 경고하고 있다. 그러므로 우리는 정신을 차리고 근신하여야 한다. 신앙생활을 한다고 하여 현실을 외면하면 안 된다. 세상 일이 돈으로 다 해결되는 것은 아니지만 그러나 돈이 없으면 삶을 영위할 수 없다. 그러니 실업 교

육에 눈을 떠야 할 때이다. 또한 무엇보다도 도덕성을 양육해야 하고, 인내심도 길러야 한다. 예수께서는 남을 위해 당신의 목숨까지 주셨던 분이다. 우리도 그런 정신을 배워서 실천해야 한다.

1924년 이상재는 보이스카우트의 초대 총재가 되었다. 그 이전에는 '조선소년군'과 '소년척후단'이라는 두 개의 청소년 단체가 있었는데 이를 '소년연합척후단'이라고 명명하고 나서 이상재를 초대 총재로 추대했다. 이 기구가 후에 보이스카우트가 되었다.

같은 해 그는 〈조선일보〉 사장의 자리에 오르기도 하였다. 3·1운동에 충격을 받은 일본 정부는 유화정책을 쓰기 시작했다. 강하게 억누르기만 하던 것을 조금 느슨하게 풀어서, 약간의 혜택과 자유를 허용하며 조선 사람들을 달래기 시작한 것이다.그 결과로 1924년에 〈동아일보〉와 〈조선일보〉가 창간되었다.

〈동아일보〉는 처음부터 민족 진영 인사들이 운영했기 때문에 국민들로부터 크게 호응을 얻었다. 하지만 〈조선일보〉는 한 친일단체의 지원을 받게 되어 민족 신문으로서의 구실을 제대로 하지 못했다. 이런 일을 보다 못한 신석우, 최선익 등이 나서서 〈조선일보〉를 인수한 다음 이상재를 사장에 추대하게 되었다.

"뜻은 고맙지만 난 벌써 일흔다섯이나 먹은 노인입니다. 일할 힘이 부족하니 어디 다른 유능한 사람을 찾아보십시오."

"아닙니다. 선생님은 그냥 지켜봐주시기만 하면 됩니다. 그러니 부디 허락해주십시오."

"그렇다면 미리 한 가지 부탁해 두어야 할 것이 있습니다. 지금

동아일보가 그렇듯 조선일보도 민족의 계몽운동에 앞장서주었으면 합니다."

"그건 우리도 이미 생각하고 있는 바입니다. 그 점은 조금도 염려하지 마십시오."

"좋습니다. 그럼 그렇게 하기로 하지요."

이렇게 하여 〈조선일보〉는 이때부터 〈동아일보〉와 함께 민족 대변지로 큰 공헌을 하게 되었다.

그 후 1927년에는 국내의 애국 인사들이 중심이 되어 독립운동의 일환으로 '신간회'를 조직하였다. 이때 이상재는 몸의 거동이 불편해 〈조선일보〉 사장직을 내놓고 집에서 쉬고 있었다. 그런데 이때도 신간회 중심인물들이 찾아와서 회장직을 맡아달라고 요청하였다.

"마음은 앞서지만 몸이 말을 듣지 않아요."

"가만히 거처에 계시기만 해도 됩니다. 정신적으로 기둥만 되어주시면 모든 일은 저희가 다 할 것입니다."

"정 그렇다면 내가 회장직을 맡지요. 우리 조국을 위하는 일인데 어찌 내 목숨을 아낄 수 있겠습니까?"

신간회의 회장직을 맡긴 했으나 직접 나서서 일할 수는 없었다. 사실상 이때부터 이상재는 자리에 눕게 되었다. 그가 생활하던 곳은 종로구에 있는 재동 자택이었으나 이것도 세 들어 사는 남의 집이었다. 그의 집은 고향 한산에 있는 초가삼간뿐이었고, 죽기까지 자기 집 하나 없이 살았던 것이다.

그가 자리에 눕게 되었다는 소식이 전해지자 많은 문병객들이 찾아왔다.

어느 날은 종로경찰서의 고등계 형사인 미와가 찾아왔다.

"아버지, 얼마나 고생이 많으십니까?"

그는 교활하고 악독한 형사라는 평판이 자자했던 인물이었다. 그러나 이상재의 인격에 감동하여 그를 '아버지'라고 부르면서 따랐다. 이상재도 침략자 일본 정부를 미워하고는 있었지만 일본 사람 자체를 미워하지는 않았다.

"그래, 네가 웬일이냐?"

"아버지께서 이처럼 자리에 누워 계신데 자식이 어찌 찾아보지 않을 수 있습니까?"

"그래, 나 묶어서 끌고 갈 쇠고랑은 가져왔느냐?"

누워 있으면서도 이상재의 입에서 농담이 흘러나왔다. 미와도 농담으로 대꾸했다.

"오늘은 깜빡 잊고서 그만 가져오지 못했습니다. 다음번에는 잊지 않고 가져오겠습니다."

"예끼 이놈아, 이젠 사람 좀 그만 괴롭혀라."

"예, 이젠 저도 많이 달라졌습니다. 그러니 염려하지 마십시오."

"그래, 내가 지옥에 가면 날 잡으려고 거기까지 네가 따라오겠느냐?"

"아버지로 모실 수만 있다면 어디라도 따라가야죠."

형사 미와는 그와 이야기하며 울먹이기까지 하였다.

이처럼 이상재의 유머 감각은 자리에 누워서도 여전했다.

어느 날, 변영로 등 몇 사람의 청년들이 찾아왔을 때의 일이었다.

"선생님, 이제야 찾아뵙게 되어 죄송합니다. 그래 얼마나 고생이 많으십니까?"

그러자 이상재는 빙그레 웃으면서 대꾸하였다.

"이놈들, 내가 죽었나, 안 죽었나 보려고 왔느냐. 난 아직 멀쩡하다."

그러더니 그는 눈물을 흘리며 청년들의 손을 차례로 뜨겁게 붙잡았다. 그 후 변영로는 "이상재 선생님의 그 눈물을 평생 잊을 수가 없다"라고 말하곤 하였다.

1927년 3월 29일

그동안 조국의 독립과 청년운동, 곧 나라 잃은 젊은이들에게 예수 그리스도 정신을 심어주기 위해 평생을 바쳤던 이상재는 조용히 눈을 감았다. 그의 나이 일흔여덟 살이었다.

이상재가 세상을 떠났다는 소식이 전해지자 〈동아일보〉와 〈조선일보〉 등은 이 사실을 전국에 알렸고, 그의 죽음을 애도하는 저명인사들의 글을 다투어 실었다.

"오, 나라를 잃은 우리를 두고서 선생님은 어디로 가셨습니까."

"선생님은 정녕 우리 민족의 거인이요 대인이셨습니다."

"조국의 광복도 보지 못하고 가셨으니 천국에 가신들 어찌 눈물을 거둘 수 있겠습니까."

통곡의 애도사들은 줄을 이어 지면을 채웠다.

그의 장례식 또한 인상적이었다. 그때의 상황을 한 신문이 자세히 다루었다.

당시는 일본이 통치하던 시대였음에도 불구하고 온 겨레는 한마음이 되어 성대한 사회장을 치렀다. 어느 나라의 국상도 그만큼 훌륭할 수 없을 만큼 큰 규모였다. 1927년 4월 7일에 월남 선생의 유해는 선생의 고향인 충남 한산으로 모셔졌는데, 전국에서 모여든 수만 명의 군중이 선생의 영구★를 따라 장안대로를 행진하던 광경은 장관을 이루었다. 이런 모습을 보면서 일본인들은 은근히 긴장을 하기도 했다.

장례식 때 쌍두마차가 운구했는데, 전국 각 계급의 유지, 대표자 800명이 영구를 호위하면서 따랐다. 기마에 오른 경호부장이 행렬의 선두에 섰고, 그 뒤에는 선생의 영정을 모신 소년이 따랐다. 영구 뒤로는 소년척후대가 각종 악기로 조가를 연주하면서 따랐다. 그리고 그 뒤로는 남녀 학생 3천 명이 줄지어 따랐고, 그 다음에는 200개의 조기와 300개의 만장대가 따랐으며, 그 뒤로는 무수한 일반 행렬이 장사진을 이루었다.

게다가 마지막 가는 이상재의 장례 행렬을 지켜보기 위해 10만 명이 넘는 사람들이 몰려들었으니, 이 얼마나 장엄한 장례식인가. 또 영구를 모신 특별 열차가 서울역에서 군산까지 가는 동안 정거장마다 애도의 물결이 인산인해를 이루었다. 이상재 선생의 죽음은 정녕 민족 전체의 슬픔이 아닐 수 없었다.

일본 정부의 기관지인 〈매일신문〉도 이상재의 장례식을 이렇게

★ 영구 시체를 담아 넣는 관을 일컫는 말.

보도하였다.

> 이상재 선생이 묻히던 날, 조선 민족은 온통 흐느껴 울었는데 이런 일로 미루어 그는 민중의 진정한 벗이었음을 알 수 있었다.

나라를 위해 일하면서 아내와 아들들을 잃고 외로운 삶을 지냈으나, 아내 대신 많은 민족운동가를 그리고 아들 대신 수많은 젊은이들을 가족처럼 사랑했던 이상재. 그의 가는 마지막 모습이 그가 어떤 사람인가를 잘 알려주고 있다.

1850년	10월 26일, 한산에서 이희택과 밀양 박씨 사이에서 맏이로 태어나다.
1864년(15세)	강릉 유씨와 결혼하다.
1867년(18세)	과거에 낙방하다. 박정양을 만나 개인 비서 일을 시작하다.
1881년(32세)	박정양의 수행원으로 신사유람단에 참가하다.
1884년(35세)	우정국 주사로 인천에서 일하다. 갑신정변이 실패하자 낙향하다.
1887년(38세)	박정양의 주선으로 천군영 문안의 자리에 앉다. 그해 주미대사로 임명된 박정양과 함께 미국으로 가다.
1896년(47세)	아관파천이 있던 해, 고종의 신임을 받아 그 곁에서 나랏일을 돌보다. 독립협회의 회원이 되다. 만민공동회 사건으로 투옥된 후 벼슬을 버리고 낙향하다.

한눈에 보는 이상재의 생애

1902년(53세) 둘째 아들과 함께 체포되다. 결국은 감옥살이를 시작하다.

1903년(54세) 감옥에서 예수를 영접한 후 신앙 중심의 삶을 살기로 결심하다.

1904년(55세) 연동교회에 입교하고 기독교청년회(YMCA)에 가입하다.

1905년(56세) 을사조약 후 고종의 부탁으로 의정부 참판을 맡다.

1914년(65세) YMCA가 전국연합회를 결성하다.

1919년(69세) 3 · 1운동의 배후로 일하다.

1922년(73세) 베이징에서 열린 세계 학생 기독교청년연맹 대회에 참석, 한국 YMCA가 단독으로 국제 YMCA 연맹에 가입할 길을 터놓다.

1924년(75세) 〈조선일보〉 사장에 취임하다.

1927년(78세) 신간회 회장 자리를 수락하다.
3월, 세상을 떠났다. 그해 4월에 사회장으로 치러지다.

정의를 지키는 자들과 항상 공의를 행하는 자는 복이 있도다

시편 106편 3절

부록

실천 · 적용 편

"정의로 하나님께 영광을!"

부록1. 하나님이 원하시는 마음밭 만들기

부록2. 말씀과 성품 씨앗 심기

하나님이 원하시는 마음밭 만들기

'정의'는 사람이 언제 어디서나 지켜야할 바르고 곧은 것을 말합니다. 하나님의 사람이라면 하나님의 말씀을 경청하며 그 말씀을 지켜 행하는 것입니다. 월남 이상재는 불의에 타협하지 않는 것은 물론, 국왕의 명령이라 할지라도 사회의 정의, 더 나아가 하나님의 정의에서 벗어나면 맞서 그 정의를 지켜냈습니다. 불의한 세력의 음모로 몇 차례 곤경에도 빠져 목숨이 위태롭기도 했지만, 하나님 말씀대로 실천하며 살기로 결심하고 그 뜻을 굽히지 않았습니다.

"아무리 국왕의 명령이라고 해도 나라를 망치는 길인 것을 뻔히 아는데 어떻게 시행합니까? 압니다. 내 목숨이 위태로워진다는 것도 알고 있습니다. 하지만 백성 전체가 죽는 것보다 나 한 사람이 죽는 것이 더 낫지 않겠습니까? 이번 일은 그 유익이 내게로 돌아오는 것이 아니라 국왕 자신과 이 나라의 백성에게로 돌아가는 것입니다."(89,90쪽)

부록2 말씀과 성품 씨앗 심기

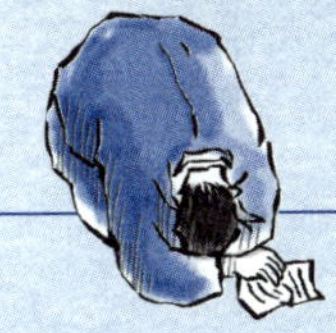

'정의'란?

정의는 어떤 상황에도 옳은 가치와 기준을 지켜나가는 거예요. 그 모습이 늘 손해를 보는 것 같아도 절대 그렇지 않아요. 하나님은 정의를 위해 소중한 것마저 포기할 줄 아는 우리를 보시고 계시거든요. 여러분이 교회와 가정, 학교에서 옳지 못한 것에 대항하여 옳은 것, 바람직한 것을 지켜 나가는 정의로운 모습을 보인다면 하나님께서 얼마나 우리를 대견하게 생각하실까요?

말씀의 전신갑주를 입고 전진!

생활 속에서 정의를 실천하기 전에 먼저 하나님의 말씀으로 옷 입는 것이 중요합니다. 성경암송을 통해 정의를 마음판에 새기는 시간을 가져보세요(다 외웠으면 직접 적어보세요).

1단계 공의와 정의를 행하는 것은 제사 드리는 것보다 여호와께서 기쁘게 여기시느니라(잠 21:3)

2단계 무릇 나 여호와는 정의를 사랑하며 불의의 강탈을 미워하여 성실히 그들에게 갚아 주고 그들과 영원한 언약을 맺을 것이라(사 61:8)

3단계 여호와께서 정의를 사랑하시고 그의 성도를 버리지 아니하심이로다 그들은 영원히 보호를 받으나 악인의 자손은 끊어지리로다(시 37:28)

4단계 자랑하는 자는 이것으로 자랑할지니 곧 명철하여 나를 아는 것과 나 여호와는 사랑과 정의와 공의를 땅에 행하는 자인 줄 깨닫는 것이라 나는 이 일을 기뻐하노라 여호와의 말씀이니라(렘 9:24)

생활 속에서 직접 해보는 정의 훈련

교회 말씀을 잘 지킬게요!

정의를 가장 잘 지켜야 할 교회마저도 세상의 좋지 못한 것에 물들어 정의가 사라지고 있습니다. 따돌림 받는 친구를 교회에서 만나면 따뜻하게 감싸주기는커녕 먼저 아는 척 할까 더 모른 척 하지는 않았나요? 하나님은 어떤 상황에서건 가장 옳은 것을 지키라고 했습니다. 다른 친구들의 눈치 보지 않고, 먼저 약한 친구에게 손 내미는 것, 그게 하나님의 정의입니다.

구체적 적용 약하고 소외된 친구들에게 먼저 다가가보세요. 다른 사람들이 어떻게 생각할까 눈치 보지 말고, 옳은 일을 행해보세요. 자신이 옳다고 생각되는 일에 자신 있게 행동해보세요. 하나님이 분명 활짝 웃으시며 여러분들을 대견하게 생각하실 거예요.

학교 약속 잘 지키기

약속을 지키는 것도 정의 실천의 첫 걸음입니다. 학교 등교시간, 수업시간에 늦지 않기, 수업 중 딴 짓하지 않고 선생님 말씀 잘 듣기, 친구들과 사이좋게 지내기 등 작은 일 같지만, 하나님은 그 작은 것에 실천하는 여러분들을 눈여겨보실 거예요. 하나님은 작은 일에 충성한 자를 아끼신다고 하셨거든요. 작은 약속이지만 최선을 다해 지켜나갈 때, 하나님이 말씀하신 정의를 우리는 더욱 깊이 깨닫게 될 거예요.

구체적 적용 그동안 학교에 늘 지각했다면 오늘부터는 평소보다 10분 일찍 일어나 등교 준비를 해볼까요? 친구와 이야기 나누는 것이 참 즐겁지만, 수업 시간만큼은 선생님 말씀에 집중하여 선생님과 한 약속을 지켜보아요. 친구들과 한 작은 약속도 잘 기억하여 꼭 지켜보도록 하세요. 작은 약속의 실천이 정의로움을 쌓는 첫 걸음이 될 거예요.

규장 신앙위인 북스 16

이상재

개정판 1쇄 발행 2013년 5월 3일
초판 1쇄 발행 1993년 4월 7일
초판 10쇄 발행 2007년 5월 2일

지은이 오병학

펴낸이 여진구
책임편집 김소연
편집 1실 안수경, 이영주, 박민희
편집 2실 김아진, 최지설, 김수미, 유혜림
기획·홍보 이한민
책임디자인 이혜영, 전보영, 마영애, 정해림
해외저작권 김나은
마케팅 김상순, 강성민, 허병용, 이기쁨
마케팅지원 최태형, 최영배, 이명희
제작 조영석, 정도봉
경영지원 김혜경, 김경희

이슬비전도학교 엄취선, 전우순, 최경식
303비전성경암송학교 박정숙, 정나영, 정은혜
303비전장학회 & 303비전꿈나무장학회 여운학

펴낸곳 규장

주소 137-893 서울시 서초구 양재2동 205 규장선교센터
진화 02)578-0003 팩스 02)578-7332
이메일 kyujang@kyujang.com 홈페이지 www.kyujang.com
트위터 twitter.com/_kyujang 페이스북 facebook.com/kyujangbook
등록일 1978.8.14. 제1-22

책값 뒤표지에 있습니다.
ISBN 978-89-6097-215-5 03230

규 | 장 | 수 | 칙

1. 기도로 기획하고 기도로 제작한다.
2. 오직 그리스도의 성품을 사모하는 독자가 원하고 필요로 하는 책만을 출판한다.
3. 한 활자 한 문장에 온 정성을 쏟는다.
4. 성실과 정확을 생명으로 삼고 일한다.
5. 긍정적이며 적극적인 신앙과 신행일치에의 안내자의 사명을 다한다.
6. 충고와 조언을 항상 감사로 경청한다.
7. 지상목표는 문서선교에 있다.

하나님을 사랑하는 자 곧 그의 뜻대로 부르심을 입은 자들에게는 모든 것이 合力하여 善을 이루느니라(롬 8:28)

Member of the Evangelical Christian Publishers Association

규장은 문서를 통해 복음전파와 신앙교육에 주력하는 국제적 출판사들의 협의체인 복음주의출판협회(E.C.P.A:Evangelical Christian Publishers Association)의 출판정신에 동참하는 회원(Associate Member)입니다.